All In One
Bible Study Series

올인원
성경공부
시리즈
2

올인원

주기도문

세움북스 는 기독교 가치관으로 교회와 성도를 건강하게 세우는 바른 책을 만들어 갑니다.

올인원All In One 성경공부 시리즈 2

올인원 주기도문

초판 1쇄 발행 2018년 7월 30일
초판 3쇄 발행 2023년 1월 15일

지은이 | 권 율
펴낸이 | 강인구

펴낸곳 | 세움북스
등 록 | 제2014-000144호
주 소 | 서울시 종로구 대학로 19 한국기독교회관 1010호
전 화 | 02-3144-3500
팩 스 | 02-6008-5712
이메일 | cdgn@daum.net

교 정 | 이윤경
디자인 | 참디자인

ISBN 979-11-87025-32-0 (03230)

All In One
Bible Study Series
2

올인원

주기도문

권율 지음

세움북스

추천사

자주 만나지 못해도 늘 마음에 있는 사람이 있다. 그의 글을 읽으면 기대가 된다. 앞으로 어떻게 주님이 사용하실까? 어디까지 달려갈까? 가서 어떤 푯대를 향해 꽂힐까? 그 젊음이 부럽고 더 치열하게 살지 못한 나의 지난 세월이 아쉽다. 늘 지켜보면서 마음에 둔 후배 목사가 정말 귀한 책을 냈다. 다들 암송하고 익히 안다고 생각하지만, 정말 제대로 알지 못하는 주님의 기도문을 원어부터 알뜰히 살펴서 디자인도 예쁜 책으로 펴냈다. 성도들의 신앙을 견고하게 세우기 위해 꼭 필요한 책이라고 믿어 필히 일독을 권한다.

권오헌 목사 (서울시민교회 담임)

권율 목사는 성경과 역사에 박식할 뿐만 아니라 교회와 현실에 대한 깊은 혜안을 가지고 있어서 많은 이들이 그를 주목하고 있다. 따라서 그가 이번에 출간한 『올인원 주기도문』 역시 상당히 기대하게 한다. 나는 이 책의 원고를 읽으면서 너무나 기쁘고 감사했다. 이 책이 한국교회에 상당한 공헌을 할 것으로 생각한다. 우리가 주기도문을 늘 말하지만, 그 의미를 인지하지 못한 채 그저 주문 외우듯이 하는 경우가 많기에, 권 목사의 책은 큰 도움을 준다. 이 책은 총 4강의 주기도문 강해로 구성되어 있으며, 각 장은 4단계(내용 한눈에 보기, 내용 연구하기, 내용 확인하기, 삶에 적용하기)로 이루어져 있어서 효율적이면서도 체계적으로 배울 수 있게 한다. 권 목사는 주기도문의 원 의미를 파악하고 여러 신뢰할 만한 연구서들을 참고하여 그 정확하고도 풍요로운 의미를 가르쳐 준다. 이 책은 그룹 성경공부용으로 사용하기에 적합하며, 혼자 읽으면서 공부하기에도 안성맞춤이다. 내용에 깊이가 있으면서도 이해하기 쉽게 기술되어 있어서 기존 신자는 물론이고 새 신자에게 선물해도 좋다. 필시 이 책을 읽고 나면 주기도문을 암송할 때 이전과 다른 느낌이 들 것이다. 이에 나는 이 책을 적극적으로 추천한다.

황원하 목사 (대구 산성교회 담임, 『응답하라 신약성경』 저자)

성도는 마땅히 사도신경과 주기도문 그리고 십계명에 관해 자신의 언어로 정리하고 있어야 한다는 생각이 있었기에 다양한 방법으로 이 주제를 공부했고, 여러 방식으로 가르치기도 했다. 그러던 중 주기도문을 함께 공부할 수 있는 교재가, 웨스트민스터 소교리문답을 가장 원문 그대로 번역했다는 평가를 받는 권율 목사의 손에 쓰여지고 있다는 소식을 들었다. 기대를 가지고 책의 원고를 읽었고, 다 읽고 난 지금 소감은 내가 오랫동안 찾던 '그 책'이 바로 '이 책'이라는 것이다.

저자는 훌륭한 여행 안내자 같다. 하나의 주제를 설명하기, 사용할 논리를 '내용 한눈에 보기'를 통해 약도처럼 독자의 손에 들려준다. '내용 연구하기'에서는 이 오래된 기도문 속을 독자와 함께 걷는다. 너무 부족하지도 너무 과하지도 않게 독자와 함께 걸으며, 마땅히 들어야 할 것, 보아야 할 것을 듣고 보게 한다. 익숙해서 스쳐지나갈 수 있는 것들 속에 있는 보물을 조명하고 소개하며 그 의미들을 들려준다. 한 주제에 대한 여행이 끝나면, 독자들이 여행을 바르게 했는지, 꼭 봐야 하는 것들을 봤는지 확인하는 집요함으로 '내용 확인하기'를 통해 질문한다. 그리고 '삶에 적용하기'를 통해 기독교의 진리가 우리의 일상이 삶 가운데 어떻게 적용될 수 있을지를 나누게 한다. 친절하고 유능한 여행 안내자인 저자 덕분에, 기독교 역사상 가장 중요한 주제 속을 즐겁고 유익하게 거닐 수 있었다. 이 주제를 살펴보기 원하는 모든 분들에게 안심하고 추천할 수 있는 좋은 책이다.

조영민 목사 (나눔교회 담임, 『룻기, 읽는 설교』, 『교회를 사랑합니다』 저자)

교회는 모든 일의 중심에 예배가 있다. 예배 가운데 믿음의 핵심 내용인 신앙고백(사도신경)과 주님이 가르쳐 주신 기도(주기도문)를 늘 암송한다. 주기도문의 내용과 의미, 가치에 대한 정확한 이해는 보다 더 풍성한 인격적인 예배로 우리를 인도한다. 성도는 하나님 나라의 백성으로서 무엇을 믿고 소망해야 하는지, 무엇을 구하고 어떻게 살아가야 하는지를 분명하게 인식해야 한다. 이처럼 주기도문에 대한 이해는 삶과 신앙의 일치감을 가져다준다.

주기도문에 대한 책은 이미 여러 형식으로 많이 나와 있지만, 성도들의 다양한 연령과 개성과 독서력을 고려한다면 여전히 새로운 책이 필요하다. 이 책의 강점은, 분량이 많지 않아 부담 없이 어디서나 들고 읽을 수 있고, 함께 나누기에 유익하다는 것이다. 어렵게 설명하기보다 핵심적인 내용을 압축해서 정리한 글이라 독서가 익숙하지 않은 사람들도 소화할 수 있다. 책에서 함께 제공하는 질문들은, 내용을 확인하는 것에 그치지 않고 성도의 현실적 신앙을 돌아보고 반성하게까지 하니 참 유익할 것으로 기대된다. 참신한 구성이 돋보이는 본서를 적극 추천한다.

서자선 집사 (광현교회, 독서 및 교리교육 전문가)

들어가는 말

주기도문을 암송하며 그 내용에 감격해 본 경험이 있습니까? 그 안에 담긴 기도의 방식과 내용이 성자 예수께로부터 왔다는 사실에 감사하며, 거기에 맞춰 나의 기도를 끊임없이 교정하려는 거룩한 열정이 있습니까? 그리스도를 믿는 성도라면 누구나 주기도문을 암송하고 있을 것입니다. 그런데 자동반사적으로 암송하는 내용일수록 아이러니하게도 그 의미를 놓치는 경우가 많습니다. 주기도문을 대하는 우리의 태도가 혹시 그런 상태일지도 모릅니다.

그래서 저는 성도들에게 주기도문을 강해하기로 마음먹었습니다. 신학의 좌소(座所)인 설교단에서 하나님의 말씀으로 '들려주어야겠다'는 생각이 들었습니다. 그렇기 때문에 지나친 학적인 논쟁을 피하고, 정통 개혁신학의 관점에서 쉬우면서도 간결한 내용으로 설교하게 되었습니다.

주일 오후예배 때 4주에 걸쳐 설교한 내용을 한 권의 책으로 묶은 것이 바로 『올인원 주기도문』입니다. 그래서 이 책의 일차적인 목표는 주기도문의 의미를 하나님의 말씀으로 '들리게 하는 것'입니다. 주기도문에 담긴 기도의 내용과 방식이 성자 예수께서 주신 완벽한 모범임을 깨닫게 하려는 설교자의 의도입니다. 물론 지면으로 독자들에게 다가가기 때문에, 들리는 설교라기보다 '읽는 설교'로서의 기능을 감당할 것입니다.

더욱이 이 책은 30분짜리 설교 원고 4회분을 엮은 것이기 때문에 분량이 많지 않습니다. 따라서 독자들은 이 책을 통해 주기도문의 핵심을 빠른 시간 내에 파악할 수 있습니다. '올인원'(all-in-one)이라는 제목답게 학습의 전 과정을 한 세트로 묶어 놓았습니다. 모든 강(講)은 "내용 한눈에 보기 - 내용 연구하기(설교) - 내용 확인하기 - 삶에 적용하기"라는 4단계로 구성되어 있습니다.

그리고 이번 2쇄부터는 '모범답안'을 추가했습니다. 내용 확인하기와 삶에 적용하기에 나오는 질문에 대해 답변을 정리한 것입니다. '내용 확인하기' 답변은 책 내용 그대로이지만, '삶에 적용하기' 답변은 저자의 일상과 관련된 적용입니다. 이 점에 유의하면서 독자 여러분의 적용을 도출해 보시기 바랍니다.

또 이 책은 설교자들에게 아주 실제적인 도움이 될 것입니다. 설교 현장의 언어를 그대로 담았기 때문입니다. 특히 부록에 실린 주기도문의 각종 번역문을 참고하면서 원문의 의미를 살펴보시면, 강해를 준비하는 데 참으로 유익하리라고 판단됩니다.

"원전으로 돌아가자!"(ad fontes)는 500년 전 개혁자들의 구호를 의식해서, 저도 주기도문의 원문을 직접 살피며 '축자적 방식'으로 번역하게 되었습니다. 그 결과물을 부록으로 덧붙여 놓았습니다. 만약 독자께서 저의 번역에 치명적인 오류를 발견하면, 전적으로 저의 부족한 실력 탓으로 생각하고 언제든지 조언해 주시기 바랍니다.

끝으로, 설교 원고를 책으로 만들어 주신 세움북스 강인구 대표님과 직원들에게 감사를 드리고, 또 추천사를 써 주신 권오헌, 황원하, 조영민 목사님과 서자선 집사님께도 감사의 말씀을 올립니다. 그리고 이 책을 읽어주실 모든 독자들에게 미리 감사의 마음을 전합니다. 모든 영광을 하나님께 돌려드립니다. Sola Gratia!

2019년 5월, 저자 권율

목차

주기도문

그러므로 너희는 이렇게 기도하라

하늘에 계신 우리 아버지여

이름이 거룩히 여김을 받으시오며

나라가 임하시오며

뜻이 하늘에서 이루어진 것 같이 땅에서도 이루어지이다

오늘 우리에게 일용할 양식[1]을 주시옵고

우리가 우리에게 죄 지은 자를[2] 사하여 준 것 같이

우리 죄를 사하여 주시옵고

우리를 시험에 들게 하지 마시옵고 다만 악에서[3] 구하시옵소서

(나라와 권세와 영광이 아버지께 영원히 있사옵나이다 아멘)[4]

* 출처: 『성경전서 개역개정판』(2005), (마 6:9-13), 대한성서공회.

---

1 또는 내일 양식을
2 헬, 빚진 자를 탕감하여 준 것 같이 우리의 빚도 탕감하여 주시옵고
3 또는 악한 자에게서도
4 고대 사본에, 이 괄호 내 구절이 없음

그러므로 너희는 이렇게 기도하라!

마태복음 6:9a

주기도문의 배경,
전체적인 구조 설명

1

내용
한눈에
보기

제1강: 주기도문의 배경, 전체적인 구조 설명

1. 주기도문의 배경

· 하나님 나라에 관한 신학과 소망이 담긴 기도문을 가르쳐 달라는 요청에 있다.

· 완전한 하나님 나라의 도래를 위해 지상의 교회가 가져야 할 정체성과 사명을 보여 주는 것이 '주기도문'이다.

· 오늘날로 치면 한 단체의 '비전 선언문'과 같은 것이다.

2. 주기도문의 맥락과 구조

· 산상수훈(마5–7장)의 가장 핵심부에 위치하고 있다. 이것은 주기도문이 우리 삶의 방식에 있어서 가장 중요한 잣대임을 뜻한다.

· 또한 기도에 관한 가르침(6:5–15)의 한가운데 위치하고 있는데, 이것은 우리가 기도하는 방식에 있어서도 주기도문(6:9–13)이 가장 중요한 기준이 됨을 의미한다.

· 주기도문의 구조는 서문과 간구(6개)와 결론으로 이루어져 있다.

3. 주기도문의 구조 분석

· 서문(6:9b)은 하나님을 부르는 '부름말'이다.

· 6가지 간구(6:9c–13a)는 하나님과 우리를 위한 일종의 '청원'이다.

· 결론(6:13b)은 괄호 안에 덧붙여진 '송영'에 해당한다.

내용 연구하기

주기도문은 사도신경, 십계명과 함께 그리스도인이라면 꼭 알아야 할 '보물'입니다. 그런데 많은 성도들이 이 보물을 그냥 먼지가 쌓이도록 방치하고 있는 것 같습니다. 보물의 진가를 발견하지 못하고 보물을 '고물'로 여기며 살아가고 있는 건 아닌지 모르겠습니다. 주기도문을 암송하긴 하지만 형식적으로 그치는 경우가 참 많습니다. 한 단어 한 구절 속에 담긴 심오한 뜻을 캐내지 못하고 기계적으로 주문을 외우듯 중얼거리다가 그치는 경우를 정말 많이 봅니다. 이것은 비단 오늘날 한국 교회만의 문제는 아닙니다. 종교개혁 당시 마틴 루터(Martin Luther)도 "주기도문이야말로 지상에서 가장 끔찍한 순교자"라고 말하며 이러한 교회 현실을 두고 개탄하였습니다.[1]

지금부터 총 4강에 걸쳐 주기도문에 대해 살펴보려고 합니다. 앞서 사도신경 강해 때와 마찬가지로, 주기도문 강해도 그 '구조'에 맞추어 진행하고자 합니다. 지금은 첫 시간으로서 주기도문의 배경과 전체적인 구조를 개괄적으로 분석할 것입니다. 강해를 시작하기 전에 일러둘 사항이 있습니다. 현재 한국 교회에 사용되는 주기도문의 번역은 크게 2가지입니다. 새번역 주기도문과 개역개정판 주기도문입니다. 이 책에서는 개역개정판 본문의 주기도문(마6:9-13)으로 강해

1 김남준, 『깊이 읽는 주기도문』(서울: 생명의말씀사, 2013), 20에서 재인용.

가 진행될 것입니다. 새번역 주기도문은 부록에 소개해 두었으니 참고하기 바랍니다.

신약에 보면 주기도문이 두 군데에 나온다는 것을 알 수 있습니다. 한 군데는 마태복음 6장 9-13절이고, 나머지 한 군데는 누가복음 11장 2-4절[2]입니다. 내용상의 차이는 없지만, 마태복음에 기록된 주기도문이 누가복음에 기록된 주기도문보다 좀 더 긴 형태로 되어 있습니다. 이처럼 같은 기사를 두고 각 복음서 저자들은 자신의 관점에 따라 조금씩 다르게 기록하고 있습니다. 이것은 하나님께서 성경의 기자들을 기계적으로 사용하신 것이 아니라, 그들의 학문적 역량과 관점에 따라 하나님의 말씀을 유기적으로 기록하게 하셨다는 사실을 말해 줍니다. 교회의 전통에 따라 저도 마태복음에 기록된 주기도문을 기준으로 삼아 강해를 진행하고자 합니다. 물론 필요에 따라서는 누가복음 본문도 아울러 고려할 것입니다.

주기도문이 생겨난 배경은 오히려 누가복음 11장 1절에서 찾아야 합니다. 경건한 마음으로 한 번 읽어 보겠습니다.

---

2 예수께서 이르시되 너희는 기도할 때에 이렇게 하라 아버지여 이름이 거룩히 여김을 받으시오며 나라가 임하시오며 / 우리에게 날마다 일용할 양식을 주시옵고 / 우리가 우리에게 죄지은 모든 사람을 용서하오니 우리 죄도 사하여 주시옵고 우리를 시험에 들게 하지 마시옵소서 하라

"예수께서 한 곳에서 기도하시고 마치시매 제자 중 하나가 여짜오되 주여 요한이 자기 제자들에게 기도를 가르친 것과 같이 우리에게도 가르쳐 주옵소서."

마태복음 6장에는 나와 있지 않지만, 보다시피 누가복음 11장에는 제자들의 요청으로 주님이 기도를 가르쳐 주신 것으로 나옵니다. 그래서 '주기도문'이라는 말보다 '주님이 가르쳐 주신 기도'라고 부르는 것이 좀 더 적절해 보입니다. 여기에서 우리는 제자들이 무슨 이유로 예수님께 기도를 가르쳐 달라고 했는지 살펴봐야 합니다.

제자들은 "요한이 자기 제자들에게 기도를 가르친 것과 같이" 자기들에게도 기도를 가르쳐 달라고 요청했습니다. 이것은 예수님의 제자들이 여태껏 기도를 할 줄 몰랐다는 의미가 아닙니다. 당시 유대인들은 예수님을 믿든지 안 믿든지 기도하는 일에 아주 열성적이었습니다. 복음서에 잘 나오듯이, 유대인들은 금식도 자주 하고 심지어 하루 세 번 시간을 정해서 열심히 기도하는 습관이 있었습니다. 예수님의 제자들도 당연히 이런 생활에 익숙하여 주님을 믿기 전부터 나름대로 열심히 기도했을 것입니다. 그런데도 제자들이 예수님께 기도를 가르쳐 달라고 한 것에는 특별한 이유가 있었음이 틀림없습니다.

"요한이 자기 제자들에게 기도를 가르친 것과 같이"라는 말에서, 세례 요한을 따르던 사람들에게 어떤 '정형화된 기도문'이 있었다는 것을 알 수 있습니다. 이것은 당시의 시대적 상황을 대변하는 말입니다. 예수님 당시 유대인들은 로마 제국의 지배를 받고 있었습니다. 그래서 그들의 마음속에는 메시아가 와서 이스라엘을 중심으로 하나님의 나라를 실현시킬 것이라는 소망이 가득했습니다. 이때를 대비하는 차원에서 당시 유대인들은 '바리새파'(The Pharisees)와 같은 집단을 결성하여 일종의 '부흥 운동'을 일으켰습니다. 그리고 성경에는 나오지 않지만 당시 쿰란 동굴들에 은거하던 '에센파'(The Essenes)도 있었습니다. 이들 모두는 율법을 철저히 지키고 성경을 연구하며, 메시아를 통한 하나님 나라의 도래를 준비하는 자들이었습니다. 또한 이들과는 달리 지극히 현실적인 성향을 지닌 '사두개파'(The Sadducees)도 있었습니다.

아무튼 예수님 당시 이런 종파에 속한 유대인들은 자신들의 정체성과 사명을 담아 정형화된 기도문을 저마다 만들었습니다.[3] 그들은 이 기도문을 부지런히 암송하며, 하나님 나라의 도래를 위해 자신들이 어떤 역할을 해야 하는가를 끊임없이 상기시켰습니다. 우리가 잘 아는 세례 요한도 이들 중의 한 명이었습니다(확정적이지는 않지만 많은 학자들은 세례 요한이 에센파 출신이었다고 생각합니다).

3 백금산 외, 『만화 주기도문』 (서울: 부흥과개혁사, 2008), 24.

성경의 증언대로, 세례 요한도 그들처럼 하나님 나라의 도래를 선포하는 사람이었습니다(마3:1-2). 그렇다면 그들과 마찬가지로 세례 요한 역시 하나님 나라에 대한 자기 신학과 소망을 표현하는 기도문을 만들어 자기 제자들에게 가르쳤다고 볼 수 있습니다.[4] 이것이 바로 "요한이 자기 제자들에게 기도를 가르친 것과 같이"라는 말에 담긴 시대적 배경입니다.

그렇다면 제자들이 예수님께 기도를 가르쳐 달라고 한 말이 무슨 의미인지 충분히 짐작할 수 있습니다. 당시 여러 종파들과 세례 요한이 그러했듯이, 당신이 말씀하시는 하나님 나라에 관한 신학과 소망이 담긴 기도문을 자신들에게 가르쳐 달라는 의미입니다. 특히 세례 요한이 선포하는 하나님 나라와 연결되면서도 새 시대의 주님이 말씀하시는, 보다 명확하고 온전한 하나님 나라의 '비전'이 담긴 기도문을 가르쳐 달라는 의미입니다. 주님을 따르는 자신들의 정체성과 사명이 담긴 정형화된, 그리고 다른 종파들과 완전히 구별되는 '주님의 기도'(The Lord's Prayer)를 가르쳐 달라는 의미인 것입니다.

따라서 주기도문은 기도할 줄 모르는 사람에게 단지 기도하는 법을 가르쳐 주기 위해 만들어진 것이 결코 아닙니다. 오늘날로 치면 주기도문은 한 단체의 '비전 선언문'과 같은

---

4 김세윤, 『주기도문 강해』 (서울: 두란노, 2000), 16.

것인데, 우리 주님이 세우신 지상의 교회가 완전한 하나님 나라의 도래를 위해 어떤 정체성을 가지고 어떤 사명을 감당해야 하는가를 가장 핵심적으로 보여 주는 기도문입니다. 그러므로 한국 교회의 정체성과 사명도 바로 '주기도문'에 담겨 있습니다.

이제 우리는 주기도문을 대하는 마음가짐부터 고쳐야 합니다. 예배나 기도회를 마칠 때 한번 암송하고 그치는 기도문 정도로 생각해서는 곤란합니다. 모든 성도를 위한 기도의 모범으로 여기고, 우리의 기도 방식과 습관을 점검하는 시금석으로 삼아야 합니다. 교회인 우리가 하나님 나라의 소망을 어떻게 가져야 하고, 또 이 땅 가운데 성도로서 어떤 삶을 살아야 할지에 대한 지침으로서 '주기도문'을 신중하게 대해야겠습니다.

이번에는 마태복음에 나오는 주기도문의 맥락을 살펴보겠습니다. 마태복음 주기도문은 구조상 '산상수훈'(5-7장) 안에서도 가장 핵심부에 위치하고 있습니다. 자세한 구조 분석은 지면 관계상 생략하고 개괄적으로 살펴보겠습니다. 산상수훈은 먼저 성도들이 어떤 존재인지, 또 성도로서 어떤 삶을 살아야 하는지를 가르치고, 결론부에서 구체적인 적용과 실천을 말해 줍니다.[5] 주기도문이 구조상 한가운데 위치하는

5 백금산 외, 『만화 주기도문』, 26.

것은, 성도들의 삶의 방식에 있어서 가장 중요한 잣대가 바로 '주기도문'이라는 사실을 의미합니다. 그리고 주기도문이 담긴 본문(6:9–13)은 기도에 대한 가르침 부분(5–15절)의 한가운데 위치하고 있는데, 이것은 성도들이 기도하는 방식에 있어서도 주기도문이 가장 중요한 기준이 된다는 사실을 뜻합니다.

앞서 말한 것처럼, 주기도문은 단지 기도할 줄 모르는 사람에게 기도하는 법을 가르쳐 주는 기도문이 아닙니다. (물론 이런 기능이 전혀 없는 것은 아닙니다.) 앞 문맥(5–8절)을 고려할 때, 오히려 기도를 '열정적으로' 하는 유대인들과 이방인들과는 전혀 다른 방식으로 기도해야 함을 가르쳐 주는 본문입니다. 이번 강(講)의 제목이기도 한 "그러므로 너희는 이렇게 기도하라"(9절a)는 말씀의 구체적인 내용으로 우리에게 주어진 것입니다. 도대체 유대인과 이방인들이 어떻게 기도하였기에 그들과는 달리 "너희는 이렇게 기도하라"고 주님이 말씀하셨을까요?

당시 많은 유대인들은 외식적으로 기도하였습니다. 사람들에게 보이려고 회당과 큰 거리 입구에 서서 기도하기를 좋아했습니다(5절). 이런 행태는 하나님 앞에서가 아닌 사람들에게 인정과 존경을 받으려는 교만한 심리가 작용한 것입니다. 또 당시 이방인들은 기도할 때 중언부언(重言復言)하기를 좋아했습니다. 주문처럼 같은 말을 반복함으로써 기도하는 말 자체에 지나친 효력(또는 의미)을 부여한 것입니다. 이것은 기도 응답의 근거를 자신의 '간절한' 기도 행위에 두려는 미신적인 신념이 작용한 결과입니다. 그러나 하나님을 믿는 성도는 그들의 기도와는 근본적으로 다르게 기도해야 합니다. 우리 주님은 그들의 잘못된 기도 행태를 지적하시면서 이렇게 말씀하셨습니다. "그러므로 너희는 이렇게 기도하라!"

본문에 본격적으로 들어가기 전에 우선 주기도문의 구조와 내용을 개괄적으로 분석하고자 합니다. 사도신경도 정교한 구조로 짜여 있듯이, 주기도문 역시 아주 정교한 구조로 이루어져 있습니다. 일단 크게 나눠 보면, 총 세 부분으로 이루어져 있습니다. 소교리문답의 언어로 표현하자면(100–107문), 1개의 서문(preface)과 6개의 간구(petitions)와 1개의 결론(conclusion)으로 나뉩니다.

여기에서 서문은 하나님의 이름을 부르는 '부름말'("하늘에 계신 우리 아버지여")이고, 간구(6가지)는 하나님과 우리를 위한 일종의 '청원'이며, 결론은 13절 후반부의 괄호 안에 들어 있는 '송영'("나라와 권세와 영광이 아버지께 영원히 있사옵나이다. 아멘")에 해당합니다. 그리고 6가지 간구는 또다시 두 부분으로 나뉩니다. 9절 후반부부터 10절까지의 3가지 간구는 '하나님'을 위한 것이고, 또 11절부터 13절 전반부까지의 3가지 간구는 '우리'를 위한 것입니다.

보다시피 주기도문 역시 사도신경처럼 아주 정교한 구조로 이루어져 있습니다. 저는 이런 구조를 통해서 우리가 어떤 방식으로 기도해야 하는가를 깨닫게 되었습니다. 개괄적으로 말하자면, 먼저 기도의 대상이 어떤 분인지 제대로 알고 그분의 이름을 불러야 합니다. 다음으로, '하나님을 위한 간구'를 올려 드려야 합니다. 하나님을 위한 간구는 하나님께 뭔가 부족한 게 있어서 우리의 기도를 요구하시는 것이 아닙니다. 그것은 하나님이 이미 행하려고 작정하신 일들을 두고 그 일이 이루어지기를 간절히 아뢰는 기도입니다. 하나님의 나라와 영광을 위해 친히 약속하신 바를 하나님의 때에 반드시 이루어 주시기를 간구하는 것입니다. 주기도문에 약속하신 바, 즉 하나님의 이름이 거룩히 여김을 받고 하나님의 나라가 임하여지며 하나님의 뜻이 이루어지도록 간절히 기도해야 한다는 뜻입니다.

그러고 나서 '우리를 위한 간구'를 해야 합니다. 이 순서를 여러분이 잘 기억해 두기 바랍니다. 기도를 시작할 때 무작정 여러분의 필요부터 하나님께 아뢰는 것이 아닙니다. 하나님을 위한 간구부터 시작하고 여러분을 위한 기도를 해야 합니다. 물론 하나님은 우리 자신을 위한 간구부터 한다고 해서 우리 기도에 응답하지 않으시는 옹졸한 분은 아닙니다.

그러나 신앙의 철이 든 성도라면, 예수님의 가르침을 따라 하나님의 거룩한 이름과 그분의 나라와 뜻을 위한 기도부터 하는 것이 지극히 당연합니다.

우리를 위한 간구가 어떤 것입니까? 우리에게 일용할 양식을 주시고 우리의 죄를 사하여 주시며 우리를 시험에 들지 않게 해 달라는 기도입니다. 따지고 보면 여러분 자신을 위해 하는 모든 기도의 내용이 사실상 이 3가지로 요약됩니다. 우리가 세상을 살면서 하나님께 구하는 대부분의 내용들은 사실 "일용할 양식"입니다. 앞으로 자세히 살펴보겠지만, 여기에서 '양식'이라 함은 먹는 음식뿐만 아니라 살아가는 데 필요한 물질 전체를 일컫는 용어입니다.[6] 진학과 취업과 결혼과 자녀 등 삶의 제반을 위한 기도가 "일용할 양식"을 위한 간구입니다. 우리가 이런 기도를 하기 전에 어떤 기도부터 하라고 우리 주님이 가르치십니까? 하나님의 이름과 나라와 그분의 뜻을 위한 기도부터 하라고 분명히 가르치십니다!

우리 주님이 그렇게 가르치신 이유가 무엇일까요? 하나님의 이름과 나라와 뜻을 위하여 기도하지 않으면, 우리의 필요를 들어 주지 않겠다고 엄포하기 위해 그렇게 하셨습니까? 절대 그렇지 않습니다! 제가 볼 땐 주기도문의 요약이라고 할 수 있는 마태복음 6장 33절의 원리를 가르쳐 주시기 위

---

6 이런 수사적 기법을 '제유법'(提喩法, synecdoche)이라고 한다. 사물의 한 부분으로 써 그 사물 전체를 의미하는 방법이다.

함입니다. 이 구절을 찾아서 큰 소리로 읽어 보겠습니다.

"그런즉 너희는 먼저 그의 나라와 그의 의를 구하라. 그리하면 이 모든 것을 너희에게 더하시리라!"

저는 이 구절의 두 문장이 주기도문의 6가지 간구 부분의 구조라고 생각합니다. 우리가 먼저 하나님의 나라와 하나님의 의를 구하면, 즉 하나님을 위한 간구를 하면 하나님이 이 모든 것을, 즉 우리를 위한 간구를 들어 주시겠다는 말입니다.

사랑하는 여러분, 저는 '주기도문'(主祈禱文)이야말로 우리의 기도 습관을 바로잡게 하는 완벽한 지침이라고 생각합니다. 이제 우리는 기도 시간의 절반 이상을 하나님의 이름과 나라와 뜻을 위하여 간구하는 데 사용해야 합니다. 이런 기도가 구체적으로 어떤 것인지 잘 모르겠으면, 성경에 나오는 위대한 신앙 선배들의 기도를 읽으면서 하나씩 배우면 됩니다. 시편 기자들의 수많은 기도들, 다니엘의 기도, 에스라와 느헤미야의 기도, 또 사도 바울의 기도 등을 통해 아주 실제적으로 배울 수 있습니다.

이제 우리의 필요를 위한 간구는 기도에 있어 참으로 부차적임을 주기도문을 통해 분명히 깨달아야 합니다. 왜냐하면 이 모든 것은 우리가 구하기 전에 하나님이 미리 알고 계시기 때문입니다(6:8). 우리가 리스트(list)를 작성해서 하나님께

보고드리지 않으면, 마치 내 기도에 응답해 주시지 않을 것 같은 두려움에 사로잡힐 필요가 없습니다.

이번 제1강에서 우리는 주기도문의 배경과 구조에 대해 살펴보았습니다. 정리하자면 주기도문은 단지 초신자들에게 기도를 가르쳐 주기 위해 고안된 것이 아니라, 성도가 가져야 할 정체성과 사명을 극명하게 표방하는 '교회의 비전 선언문'입니다. 또한 재림의 때에 완성될 하나님 나라에 대한 소망을 우리가 어떻게 가지고, 이 세상 가운데 성도로서 어떻게 살아가야 할지를 가르쳐 주는 '주님의 기도'입니다. 하나님의 나라와 의를 구할 때 우리의 모든 필요가 채워진다는 그분의 약속이 담긴 위대한 기도문이 바로 '주기도문'입니다. 앞으로 3강에 걸쳐 여러분과 함께 주님이 가르쳐 주신 이 기도문을 하나씩 살펴보면서, 하나님의 약속된 은혜를 풍성히 누리기를 소망합니다. 아멘.

내용 확인하기

1. 주기도문이 나오는 성경 본문 두 군데를 찾아서 읽어 보라.

2. 주기도문의 성격을 우리의 정체성과 관련지어 설명해 보라.

3. 주기도문이 산상수훈(마5–7장)에서 가장 핵심부에 위치하고 있는 것은 무슨 의미를 담고 있는가?

4. "그러므로 너희는 이렇게 기도하라!"(마6:9a)고 예수님이 말씀하신 이유는?

5. 주기도문의 구조를 소교리문답의 언어로 표현하여 정리해 보라.

삶에 적용하기

1. 주기도문을 암송하면서 그 내용이 나의 기도가 되었던 적이 있는가?

2. 예수님을 믿는 성도로서 '나의' 정체성과 사명을 주기도문의 내용과 관련지어 구체적으로 대답해 보라.

3. 주기도문의 구조에 맞추어 나의 기도 형식과 내용에 교정할 부분이 있다면 서로 나누어 보라.

하늘에 계신
우리 아버지여!

마태복음 6:9b

하나님의 내재성

&

초월성

2

올인원

주기도문

내용 한눈에 보기

제2강: 하나님의 내재성 & 초월성

1. 하나님의 내재성: "우리 아버지"

· '아버지' 라는 호칭은 일차적으로 우리 주 예수 그리스도의 아버지라는 뜻이다.

· 예수 그리스도의 아버지께서 또한 우리의 아버지가 되신다는 의미이다.

· '우리' 아버지라는 말은 나 외에도 하나님의 다른 자녀들이 있음을 인정하는 고백이다.

2. 하나님의 초월성: "하늘에 계신"

· 하나님께서 특정 공간에 갇혀 있지 않으시고, 우주 만물에 편재해 계신다는 의미이다.

· 하나님 아버지를 마냥 육신의 아버지처럼 생각해서는 안 된다.

· 하나님은 우리의 경배를 받으셔야 하는 위대한 전능자이시다.

3. 공존하는 내재성 & 초월성

· 우리가 기도하는 태도와 직결되어 있다.

- 하나님의 내재성(친근함)만 생각하면, 어린아이가 떼를 쓰듯이 자기 요구를 관철시키는 기도를 한다.
- 그분의 초월성을 동시에 인식해야지, 퍼붓기 식의 일방적인 기도를 멈출 수 있다.

· 우리의 구원과도 직결되어 있다.

- 초월성을 부정하면 범신론과 같은 자력구원론에 빠진다.
- 내재성을 동시에 갖추어야지, 타락한 인간 편으로 내려와 구원을 선물할 수 있다.

내용 연구 하기

제1강에서 우리는 주기도문의 배경과 구조에 대해 살펴봤습니다. 주기도문이 단지 기도할 줄 모르는 사람을 위해 고안된 것이 아니라, 예수님이 우리 교회에 가르쳐 주신 일종의 '비전 선언문'과 같은 것이며 또 여기에는 성도가 가져야 할 정체성과 사명이 모두 담겨 있다는 사실을 알았습니다. 그리고 주기도문의 구조를 개괄적으로 살펴보면서 우리가 어떤 방식으로 기도해야 하는지도 알게 되었습니다. 우리의 일상적 간구를 아뢰기 전에 하나님의 거룩한 소원을 두고 먼저 기도해야 한다는 것을 주기도문의 구조를 통해 깨달을 수 있었습니다.

제2강부터는 주기도문의 내용과 그 표현들을 하나씩 살펴보면서 여기에 담긴 깊은 의미를 추적해 보겠습니다. 우리말 주기도문은 "하늘에 계신 우리 아버지여"라고 시작하지만, 헬라어 본문에는 '아버지여'(Πάτερ)라는 말로 시작합니다. 헬라어 문법의 특성상 '우리'(ἡμῶν)라는 말은 '아버지여'라는 말 뒤에 위치합니다. 여하튼 원문의 어순은 '아버지'라는 호칭에 특별한 의미가 담겨 있음을 시사합니다. 우리에게는 하나님을 '아버지'라고 부르는 것이 아주 자연스럽지만, 유대인들에게는 이 호칭이 참으로 낯선 것이었습니다. 유대인들에게 그려진 하나님의 이미지는 친근한 아버지의 이미지가 전혀 아니었습니다. 그들은 여호와 하나님을 초월적인 분으로만 인식하여 감히 하나님을 '아버지'라고 친근하게 부르지 못했습니다.

물론 이스라엘의 '민족의 아버지'라는 개념은 구약성경에서 발견되기는 합니다(사63:16; 렘3:19). 그러나 이것은 어디까지나 하나님을 민족적인 아버지라는 뜻에서 그렇게 부른 것이지, 이스라엘 백성 개인이 하나님을 친근하게 부르는 호칭은 아닙니다. 일반적으로 그들은 '여호와'라는 하나님의 이름조차 부르기를 꺼려해서 '주님'이라는 말로 바꿔 불렀습니다. "여호와의 이름을 망령되게 부르지 말라"(출20:7)는 제3계명을 혹시나 어겨서 저주 받지는 않을까 하는 두려움에 사로잡혔기 때문입니다. 이처럼 유대인들이 생각하는 하나님은 우리와는 멀리 떨어져 계시며, 거룩하고 초월적인 분이시기에 감히 한낱 죄인이 접근할 수 없는 그런 분이었습니다.

이런 '하나님 개념'에 익숙해진 제자들에게 예수님이 주기도문의 처음부터 하나님을 '아버지'라 부르라고 가르쳐 주신 것은 참으로 의미심장한 일입니다. 당시 예수님과 제자들은 일상 언어로 아람어를 사용했는데, 헬라어 '아버지'에 해당하는 아람어가 '아빠'입니다.[7] (언어학적으로 정확한 발음 표기는 '압바'입니다.) 이 단어는 우리말의 '아빠'라는 말과 거의 동일한 표현입니다. 어린아이가 아버지를 친근하게 부를 때 사용하

---

7 크로스웨이 편, 『ESV 스터디 바이블』, 신지철 외 역 (서울: 부흥과개혁사, 2014), 1856.

는 호칭입니다. 물론 당시에 성인이 아버지를 부를 때도 '아빠'라는 말이 사용되었습니다. 여하튼 예수님이 제자들에게 계시하신 하나님의 이미지는 무엇보다 아주 친근한 이미지였습니다.

일차적으로 '아빠' 또는 '아버지'라는 단어는 우리 주 예수 그리스도의 '아버지'라는 의미입니다. 예수님이 이스라엘의 하나님을 자신의 '아버지'라고 부르시면서, 자신과 하나님이 하나이시며 또 자신이 하나님과 동등하신 분임을 계시하신 것입니다(요10:30-33). 예수님이야말로 영원 전부터 하나님 아버지와 독특하고 유일무이한 관계를 누리시는 분이라는 사실이 바로 '아버지'라는 호칭에 담겨 있습니다. 예수님이 십자가를 지시기 전에 하나님께 기도하시며 "아빠 아버지여"라고 부르신 것을 기억하기 바랍니다(막14:36).

그리고 '아버지' 또는 '아빠'라는 호칭은 예수 그리스도의 아버지께서 또한 '우리의 아버지'가 되신다는 의미를 담고 있습니다. 앞서 언급했듯이, 이 개념은 유대인들에게는 아주 낯선 것이었습니다. 예수님은 "아버지여"라고 먼저 부르시면서 하나님에 대한 유대인의 오해를 벗겨 주시려고 했으며, 아주 친근한 아버지 하나님을 그들에게 계시하시고 싶었던 것입니다. 또 예수께서 우리에게 하나님을 '아버지'라 부르라고 가르치신 것은, 하나님이 우리를 그리스도 안에서 양자로 삼으셨다는 사실을 뜻합니다. 천지를 창조하신 그 하나님께서 우리를 자녀로 삼아 주셨기 때문에, 우리의 모든 기도에 충분히 응답하실 수 있다는 믿음을 '아버지'라는 호칭을 통해 심어 주신 것입니다.

저는 어릴 적부터 아버지에 대한 인상이 좋지 않아, 하나님께서 아주 친근한 아버지가 되신다는 사실을 이해하는 데 시간이 좀 걸렸습니다. 지금은 소천하셨지만, 어린 시절에 제 아버지는 저희 두 형제에게 정말로 엄격한 분이었습니다. 마치 아버지는 제가 잘못을 저지를 때마다 무섭게 지적하고 호통치는 '율법'과도 같았습니다. 자녀의 잘못과 허물을 덮어 주고 감싸주는 아버지가 아니라, 도리어 잘못을 확실히 지적하고 들추어내어 두 번 다시는 실수가 반복되지 않도록 무섭게 호통치시는 아버지였습니다. 물론 마음으로는 자녀를 때리면서 아파하셨겠지만, 겉으로는 단 한 번도 자식들에게 그런 마음을 내색하지 않으셨습니다. 그래서 제 머릿속에 형성된 아버지 상(像)은 내 죄를 보시고 진노하시는 아버지였습니다.

그런데 문제는 제가 하나님 아버지를 마치 그런 분으로 인식하려고 한다는 데 있었습니다. 물론 하나님은 죄인들에게 진노하시지만, 당신의 자녀에게는 사뭇 다른 태도를 취하십니다. 하나님을 모르는 세상 사람들에게는 법정의 재판관처럼 율법에 근거하여 그들의 죄악에 진노하십니다. 그러나 하나님의 자녀에게는 부모가 자식을 대하듯이 마음 아파하시면서 우리의 잘못에 '일시적으로' 징계하십니다. 저는 아버지로부터 품어 주는 사랑을 받아 본 기억이 없어서인지 하나님의 말씀에 완벽히 순종하지 않으면, 마치 하나님이 저에게 진노를 퍼부으시고 저를 버리실 것만 같은 두려움에 사로잡히기도 했습니다.

그러나 신앙생활을 하면 할수록, 또 성경을 연구하면 할수록 하나님 아버지는 당신의 택한 자녀들에게 무한한 사랑을 베푸시는 분임을 깨닫게 되었습니다. 잘못에 대해 징계는 하시지만 우리보다 더 마음 아파하시면서 그 징계를 빨리 철회하기를 원하시는 사랑의 하나님이심을 깨닫기 시작했습니다. 처음에 저에게는 굉장히 어색한 '하나님 개념'이었지만 이제는 성경에 계시된 하나님의 속성임을 믿음으로 받아들이고, 하나님의 그 사랑을 실천하려고 날마다 노력합니다. 그리고 자녀에게 형성된 아버지 상이 하나님 아버지를 인식하는 데 큰 영향을 미친다는 사실을 깨닫고 더욱 신중하게 처신하려고 노력합니다.

제가 볼 때는 하나님 아버지의 친근한 이미지를 가장 잘 보여 주는 본문이 소위 '탕자의 비유'(눅15:11–32)입니다. 여러분이 잘 알다시피, 어느 날 둘째 아들이 아버지를 찾아가 자기한테 물려줄 재산을 미리 달라고 하여 먼 나라에 가서 허랑방탕한 삶을 살다가 결국 그 재산을 모두 탕진하고 말았습니다. 그 나라에 큰 흉년이 들어 먹을 것이 없게 되자, 돼지밥(쥐엄 열매)으로라도 배를 채우려고 했지만 그것마저 주는 사람이 없었습니다.

그러던 어느 날, 이 아들은 풍족한 양식이 있는 자기 아버지를 떠올렸습니다. 도저히 그냥 굶어 죽을 수가 없어서 아버지에게 돌아가기로 결심하고 무거운 발걸음을 옮기게 됩니다. 아버지께 돌아가면 품꾼으로 취급될 줄 알았지만, 그의 생각과는 전혀 다르게 아버지는 이전보다 더욱 큰 사랑으로 그를 사랑하는 아들로 다시 품었습니다. 아들은 집을 나가 아버지 속을 엄청 썩였지만, 아버지는 아들의 궁핍함을 완전히 채워 주었습니다.

사랑하는 여러분, 우리가 주기도문을 암송하며 "우리 아버지여"라고 부를 때 바로 그러한 아버지의 따스한 사랑을 느낄 수 있어야 합니다. 하나님 아버지의 친근함과 따스함이 우리 기도의 밑바탕이 되어야 합니다. 우리가 기도할 때 잘못된 부분을 콕 집어내어 사정없이 우리를 혼내시는 아버지가 아니라, 우리의 어설픈 기도에도 불구하고 당신이 원하는 방식으로 또 우리에게 유익이 되는 방식으로 우리의 기도에 끝까지 응답하시려는 친근하고 따스한 아버지임을 반드시

기억해야 합니다. 그리고 우리도 자녀에게 그런 아버지(또는 부모)가 되어야 함을 인식하기 바랍니다.

또한 예수님은 우리에게 하나님을 '나의' 아버지가 아니라 "우리 아버지여"(Πάτερ ἡμῶν)라고 부를 것을 가르치셨습니다. '우리' 아버지라는 말은 나 외에도 하나님의 다른 자녀들이 있음을 인정하고 고백하는 말입니다. 감사하게도(?) 저는 세 아들의 아버지인데, 아이들이 자기 친구에게 저를 '우리' 아빠라고 말할 때 주성이, 주한이, 주경이의 아빠라는 의미입니다. (물론 우리말 특성상 자녀가 한 명이라도 '내' 아빠가 아니라 '우리' 아빠라는 말을 사용합니다.)

성도들이 하나님을 '우리' 아버지라고 부르는 한, 우리 모두가 한 가족임을 인식하고 하나님 아버지께서 내게 주신 좋은 것을 함께 나눌 준비가 되어 있어야 합니다. 왜냐하면 여러분의 아버지가 큰아들에게 재산을 물려줄지라도 동생들이 굶고 있을 때 도와주라는 것과 동일한 이치입니다. 여러분이 받은 은혜와 축복을 두고 하나님께 감사하는 것과 동시에, 이 감사의 마음을 이웃 성도들에게 구체적인 물질과 시간으로 다시 쏟아 내야지 비로소 "우리 아버지여"라고 고백할 수 있는 것입니다. 옆에 있는 성도와 함께 한마음으로 하나님을 '우리' 아버지라고 부를 수 있기를 간절히 바랍니다.

이제 "하늘에 계신"이라는 말을 살펴볼 차례입니다. 서두에서 밝혔듯이, 우리말 주기도문과는 달리 헬라어나 영어 본문에는 "우리 아버지여" 다음에 "하늘에 계신"이라는 말이 나옵니다. 예수님은 그냥 "우리 아버지여"라고 부를 것이 아니라, "하늘에 계신 우리 아버지여"(Πάτερ ἡμῶν ὁ ἐν τοῖς οὐρανοῖς)라고 부를 것을 가르치셨습니다.

그런데 "하늘에 계신"이라는 말을 덧붙이신 이유가 무엇일까요? 무엇보다 하나님 아버지를 마냥 육신의 아버지처럼 생각하려고 하는 위험성 때문입니다. 하나님은 친근하고 따스한 아버지이지만, 육신의 아버지와 동일한 이미지로 생각할 수는 없습니다. 하나님 아버지는 성령으로 지금 우리와 함께하시지만, 지극히 높은 하늘에 계시는 분임을 인식해야 합니다. 좀 어려운 말을 사용하자면, "하늘에 계신"이라는 말은 하나님 아버지의 '초월성'을 나타내는 말입니다.[8] 다시 말해, 하나님은 우리의 경배를 받으셔야 하는 위대하신 전능자라는 뜻입니다.

여기서 '하늘'이라는 말을 우리 눈에 보이는 둥근 하늘로 생각해서는 곤란합니다. 우리의 지각으로 인식되는 어떤 공간에 갇혀 있는 '하나님'은 더 이상 하나님이 아닙니다. 다윗의 아들 솔로몬 왕도 "하늘과 하늘들의 하늘이라도 주를 용납하지 못하겠거든"(왕상8:27)이라고 고백하였습니다. 그렇다

8 김세윤, 『주기도문 강해』, 73.

면 본문에 나오는 '하늘'이라는 단어는 지극히 높으신 하나님이 계시는 무한한 차원을 나타내는 용어입니다. "하늘에 계신 우리 아버지"라는 말은 우리 아버지 하나님께서 어떤 특정한 공간에 갇혀 있지 않으시고 우주 만물에 편재(遍在)해 계신다는 사실을 의미합니다.[9]

이처럼 우리가 하나님을 생각할 때, 하나님의 친근한 아버지 이미지와 만물을 초월해 계시는 절대자 이미지를 동시에 인식해야 합니다. 그런데 요즘 교회 안에서는 하나님의 초월성보다는 친근한 아버지 이미지만을 강조하는 경향이 있습니다. 특히 젊은 청년들이 즐겨 부르는 소위 CCM(현대 기독교 음악)에 그런 경향이 아주 짙게 나타납니다. 하나님을 우리가 경배해야 할 절대자라는 측면보다는, 단지 우리 곁에 계시는 '친구'의 이미지 정도로 부각시키려고 합니다. 아빠와 아들이 친구처럼 지낸다고 해서 아들이 아빠를 진짜 친구로 막 대할 수는 없는 것과 같은 이치입니다. 예수께서 우리에게 "너희는 … 곧 나의 친구라"(요15:14)라고 말씀하신다고 해서 우리가 예수님을 학교 친구처럼 함부로 대하면 어떻게 되겠습니까?

심지어 어떤 CCM 가사는 하나님을 무슨 연인처럼 경박(輕薄)스럽게 묘사하기도 합니다. "…당신 앞에 나 있을 때 가

9 John Calvin, *Institutes of the Christian Religion*, Ⅱ.xx.40.

장 나다워요. 그 누구보다 더 가장 날 잘 알고 있는 그대… 당신 손으로 날 잡아줘요. 안개 속 같은 이 나날들도 … 당신 없이는 나는 아무 의미 없죠. 내겐 당신만이 전부니까요 … 나의 사랑 나의 그대."[10] 물론 작사자의 의도는 충분히 이해하겠지만, 하나님을 묘사하는 방식이 전혀 바람직하지 못합니다. 내가 사랑하는 연인처럼 (아니 그 이상으로) 하나님을 열정적으로 사랑해야 하는 것은 맞지만, 그렇다고 하나님을 마치 연인의 이미지와 똑같이 생각해서는 매우 곤란합니다. 하나님을 연인처럼 묘사하되, 그분의 초월성을 해치지 않는 범위 내에서 그렇게 해야 합니다.

하나님에 대한 이 2가지 이미지는 우리가 기도하는 태도와도 직결되어 있습니다. 하나님을 친근한 아버지 이미지로만 생각하는 성도는 하나님의 거룩한 뜻을 구하는 기도보다는, 마치 어린아이가 떼를 쓰며 아빠에게 대들 듯이 자신의 요구를 관철시키는 기도에 더욱 집중합니다. 오래 전에 제 친구 중에 '작정 기도'라는 명분으로 헤어진 여자 친구와 다시 교제하게 해 달라고 하나님께 40일 동안 떼쓰는 친구가 있었습니다. 37일 째 되는 날 제가 만나서 이제 그만하라고 했지만, 그 친구는 끝까지 기한을 채우면 응답 받을 수 있다는 놀라운(?) 확신에 사로잡혀 있었습니다. 물론 제 예상대로 기

10 김도현 씨의 1집 앨범(2003)에 실린 "Between You and Me"라는 찬양곡이다.

도 응답은 불발로 끝났습니다.

그러나 하나님을 "하늘에 계신" 우리 아버지로 인식한다면, 내 생각을 일방적으로 퍼붓기 식의 기도를 결코 할 수 없습니다. 지극히 높으시고 만물을 꿰뚫어 보시는 하늘의 하나님께 기도를 올려 드린다고 생각한다면, 먼저 내 인생을 향한 하나님의 계획을 경건한 마음으로 여쭈어야 합니다.

미혼의 청년들은 아무리 마음에 드는 자매 또는 형제를 발견하더라도, 일단 감정에 치우치지 말고 "하늘에 계신" 하나님 아버지의 의중(意中)을 먼저 물어봐야 합니다. 또 직장생활 중이거나 사업을 시작하는 성도들은 먼저 "하늘에 계신" 우리 아버지의 계획과 뜻이 무엇인지를 두고 진지하게 기도해야 합니다. 단순히 '사업 대박'이나 승진만을 두고 하나님 아버지께 무작정 떼를 쓸 것이 아니라, 내가 꿈꾸고 있는 이 일을 통해 하나님이 어떤 일을 이루고자 하시는지를 두고 경건하게 기도할 수 있어야 합니다.

그리고 하나님의 친근한 아버지 이미지와 초월적인 절대자 이미지가 동시에 강조되는 것은 우리의 구원과도 직결되어 있습니다.[11] 우리가 믿는 복음과는 달리 다른 종교에서는 이 둘 중의 어느 하나를 부정합니다. 힌두교나 불교 같은 종교는 '범신론'을 주장하며 하나님의 초월성을 부정합니다. 우

11 김세윤, 『주기도문 강해』, 74.

리를 초월하는 신이 존재하여 우리를 구원하는 것이 아니라, 쉽게 말해 모든 것이 신이기 때문에 인간 스스로가 노력해서 구원에 이르러야 한다는 것입니다.

반면에 신의 초월성은 말하지만 그 신이 아버지처럼 우리에게 친근히 다가옴을 부정하는 이슬람교와 같은 종교가 있습니다. 이런 종교들은 인간을 구원할 수 있는 신이 존재한다고 말하지만, 결코 아버지처럼 친근하게 인간 편으로 내려오지는 않습니다. 타락한 인간 세상을 저 하늘 꼭대기에서 그저 지켜만 볼 뿐입니다. 이렇게 되면 결국 구원에 이르기 위해 인간들이 스스로 노력해야 한다는 결론에 이릅니다.

그러나 우리가 믿는 "하늘에 계신 우리 아버지"는 결코 그런 존재가 아닙니다. 하나님은 온 우주를 초월해 계시기도 하지만, 동시에 타락한 인간 편으로 아버지처럼 친근하게 다가오시는 분입니다. 타락한 죄인을 구원하시려면 '하나님 되심'의 이 2가지 측면을 모두 갖추어야 합니다. 죄와 사망의 권세에서 우리를 해방시키기 위해서는 초월성을 지닌 전능자이셔야 하고, 또한 그런 전능자께서 친히 우리에게 다가오셔서 아버지 노릇을 해 주셔야만 우리에게 실제적인 '구원'이 일어날 수 있습니다. 우리를 구원하신 하나님이 하늘에 계시면서도 우리에게 친근한 아버지가 되신다는 이 2가지 사실을 믿음으로 붙들기 바랍니다.

사랑하는 여러분, 이번 강(講)에서 우리는 “하늘에 계신 우리 아버지여”라는 외침 속에 담긴 깊은 의미를 추적해 보았습니다. 사실 주기도문의 모든 내용이 이 한마디 속에 들어있다고 해도 과언이 아닙니다. 왜냐하면 하나님을 위한 3가지 간구(이름, 나라, 뜻)가 응답될 수 있는 근거가 바로 하나님의 초월성에 있고, 동시에 우리를 위한 3가지 간구(양식, 사죄, 시험)가 응답될 수 있는 근거가 하나님의 아버지 같은 친근함(내재성)에 있기 때문입니다. 여기에 대해서는 제3강에서부터 자세히 살펴보도록 하겠습니다.

저는 여러분의 기도생활이 “하늘에 계신 우리 아버지”를 삶 가운데 얼마나 생생하게 인식하느냐에 따라 크게 달라진다고 생각합니다. “하늘에 계신 우리 아버지여”라는 말씀을 암송하는 자체가 중요한 것이 아니라, 우리를 초월해 계시면서 동시에 아버지처럼 친근하게 우리와 함께하시는 그 하나님을 실제로 경험하는 것이 절대적으로 중요합니다. 온 세상을 초월하여 여러분의 직장과 학교를 주관하시는 하나님께서 여러분의 필요를 채워 주시는 친근한 아버지가 되심을 날마다 경험하기 바랍니다. 아멘.

내용 확인하기

1. 하나님을 "아버지"라고 부를 때 그 의미를 설명해 보라.

2. '나의' 아버지가 아니라 '우리' 아버지라고 부르는 이유가 무엇인지 대답해 보라.

3. 하나님 아버지를 "하늘에 계신" 분으로 인식해야 하는 이유가 무엇인가?

4. "하늘에 계신 우리 아버지"에 담긴 2가지 의미가 우리의 구원과 어떤 관계가 있는가?

삶에 적용하기

1. 주기도문을 암송하거나 기도할 때 하나님을 과연 '아버지'로 인식하고 있는가?

2. 하나님을 '우리' 아버지로 분명히 고백한다면, 교회의 지체들에게 어떤 마음을 품어야겠는가?

3. 기도할 때 하나님을 "하늘에 계신" 분으로만 생각하여 지금 나와 함께하시는 아버지의 친근함을 놓치고 있는 것은 아닌가?

4. "하늘에 계신 우리 아버지"께서 내가 속한 공동체에 어떤 점을 원하시는지, 이 부름말에 담긴 2가지 의미와 관련지어 서로 나누어 보라.

하나님을 위한 3가지 간구
: 이름, 나라, 뜻

마태복음 6:9c-10

하나님의 이름과 나라와
뜻을 위한 기도

3

울인원
주기도문

내용 한눈에 보기

제3강: 하나님의 이름과 나라와 뜻을 위한 기도

1. "이름이 거룩히 여김을 받으시오며"

· 하나님의 거룩하심을 계시하셔서 우리가 합당한 존경과 감사를 드리게 해 달라는 의미이다.

· 이름은 하나님에 대한 계시의 통로이자 인식의 통로이다.

· '거룩' 이라는 말은 세상과 완전히 구별되고 도덕적으로 완전하다는 뜻이다.

2. "나라가 임하시오며"

· 우리를 통해 이 땅 위에 하나님의 통치가 확장되게 해 달라는 의미이다.

· 하나님의 나라는 성경에서 주로 하나님의 통치 개념으로 정의된다.

· 교회는 하나님의 나라로 들어오는 관문이며, 동시에 하나님 나라가 확장되어 가는 통로이다.

3. "뜻이 하늘에서 이루어진 것 같이 땅에서도 이루어지이다"

· 이 땅 가운데 우리의 거룩함을 추구하며, 기뻐하고 기도하며 감사하는 삶을 살게 해 달라는 의미이다.

· 하나님의 뜻은 계시된(드러난) 뜻과 계시되지 않은(감추어진) 뜻이 있다.

· 계시된 하나님의 뜻을 언급하는 구절들은 개인의 선택 문제가 아닌, 우리의 구원 문제와 특히 신앙생활의 보편성과 관련되어 있다.

이제 주기도문 제3강이 시작되었습니다. 여러분의 기억을 더듬어서 이전의 내용들을 한번 떠올려 보기 바랍니다. 제1강에서는 우리가 주기도문의 배경과 구조를 개괄적으로 살펴보았습니다. 주기도문은 교회의 '비전 선언문'이며, 여기에 성도의 정체성과 사명이 담겨 있음을 살펴보았습니다. 또 주기도문의 구조는 우리에게 기도하는 틀을 제공해 주는데, 먼저 '하나님을 위한 간구'를 하고, 다음으로 '우리를 위한 간구'를 해야 함을 말해 줍니다. 제2강에서는 "하늘에 계신 우리 아버지여"라는 '부름말'을 통해 하나님의 친근함(내재성)과 초월성을 구체적으로 살펴보았습니다. 즉, 하나님을 '아빠 아버지'라고 부르는 동시에 그분이 우주 만물을 초월하시는 '전능자'(또는 '절대자')임을 인식해야 한다는 뜻입니다.

이번 강(講)에서는 주기도문의 구조상 허리 부분에 위치한 6가지 간구(또는 '청원') 중에 "하나님을 위한 3가지 간구"를 살펴보고자 합니다. 이미 언급했듯이, 하나님을 위한 간구는 마치 하나님께 뭔가 결핍이 있어서 우리의 기도를 통해 그것을 채우려고 하는 것이 아닙니다. 오히려 하나님이 작정하신 일을 당신이 정하신 때에 이루어 주시기를 겸손히 아뢰는 것입니다. 위대한 신앙 선배들은 한결같이 하나님을 위한 간구에 아주 능숙했습니다.

"하늘에 계신 우리 아버지여"라고 부르는 성도는 가장 먼저 "이름이 거룩히 여김을 받으시오며"라고 기도해야 합니다. 우리말 성경에는 그냥 '이름'이라고 되어 있지만, 헬라어 원문에는 "당신의 이름"(τὸ ὄνομά σου)이라고 되어 있습니다. '당신'(當身)이라는 대명사가 3인칭으로 사용될 때는 존칭어이나, 2인칭으로 사용될 때는 약간 하대(下待)하는 뉘앙스를 풍기기 때문에,[12] 개역개정판 본문에는 '당신의'라는 말을 생략하고 그냥 '이름'이라고 되어 있는 것입니다.

하나님의 '이름'은 하나님에 대한 계시의 통로이자 인식의 통로입니다.[13] 하나님은 당신의 이름 가운데 스스로를 계시하셨습니다(출3:13–14). 그리고 계시된 그 이름을 통해 우리가 그분을 인식하기 원하십니다. 따라서 하나님의 이름을 아는 것이 곧 하나님을 아는 것이며, 하나님의 이름을 사랑하는 것이 곧 하나님을 사랑하는 것입니다.

아버지 하나님의 이름이 성경에 어떻게 계시되어 있습니까? 크게 3가지로 계시되어 있다고 볼 수 있습니다. 먼저, 제2강에 잠시 언급했듯이 그분의 이름이 '여호와'라고 계시되어 있습니다. 이 이름은 하나님의 다른 호칭들과는 달리 하나님께만 고유한 것입니다. '엘로힘'(헬, '데오스')이나 '아도나

---

12 '당신'이라는 대명사가 2인칭으로 사용될 때 이전에는 하대(下待)하는 호칭으로 사용되었으나, 최근에 문어체에서는 상대편을 높여 부르는 말로 사용될 수 있다고 인정하였다. 자세한 것은 국립국어원 표준국어대사전 홈페이지(http://stdweb2.korean.go.kr/main.jsp)를 참고하라.

13 백금산 외, 『만화 주기도문』, 107.

이'(헬, '퀴리오스') 같은 호칭은 이방 신이나 사람에게도 적용되지만, '여호와'라는 성호는 오직 하나님께만 적용되는 것입니다. 이런 맥락에서는 하나님의 유일한 이름은 '여호와'입니다. 출애굽기 3장 14절에 따르면, '여호와'라는 이름은 다른 대상에게 의존하지 않으시고 스스로 존재하시는 분이라는 뜻입니다. 그리고 언약적 관점에서 이 이름은 "하나님이 자신의 백성에게 약속하신 것을 이루시며, 또한 그들이 자신들에게 주어진 사명을 성취하도록 도와주신다는 것"[14]을 의미합니다.

다음으로, '하나님'이라고 번역된 '엘로힘'이라는 그분의 이름이 있습니다. '엘로힘'(헬, '데오스')이라는 이름은 어떤 피조물과도 비교할 수 없는 그분의 탁월한 능력과 권세를 강조한 것입니다. 보통 '신'을 믿는 모든 종교인이 바로 '엘로힘', 즉 '하나님'이라는 이름을 사용합니다. 이슬람교의 '알라', 유대교의 '엘로힘', 천주교의 '하느님'이 바로 그것입니다. 그러나 우리가 믿는 아버지 '엘로힘'(하나님)은 성령 안에서 예수 그리스도를 통해 인식되는 그 '엘로힘'입니다. 예수님이 성령 안에서 우리에게 계시하신 바로 그 '엘로힘'만 우리의 참된 하나님으로 믿습니다. 따라서 예수님이 언급되지 않는 '하나님'은 그 명칭만 하나님이지, 결코 하나님이라고 할 수 없습

14 크로스웨이 편, 『ESV 스터디 바이블』, 179.

니다! 다만 인간의 욕망을 투영시켜 절대화한 한낱 우상일 뿐입니다.

마지막으로, '주님'이라고 번역된 '아도나이'(헬, '퀴리오스')라는 그분의 이름이 있습니다. '아도나이'라는 이름은 그분이 창조하신 모든 피조물을 당신께서 친히 소유하시고 지배하신다는 의미를 담고 있습니다. 우리말로 '주님'이라고 부를 때 바로 이러한 의미를 떠올려야 합니다. 아버지께서 우주만물을 다스리고 계시기 때문에 내 인생조차 그분의 선한 지배 하에 있다는 사실을, '주님'이라는 그분의 이름을 통해 고백해야 하는 것입니다. 참고로 말하자면 '아도나이'(주님)라는 그분의 이름이 신약에서 '퀴리오스'라는 말로 번역되었는데, 이것이 예수님께 적용되었습니다. 그러니까 예수님도 아버지 하나님과 동일한 신성을 가지신 '주님'이라는 뜻입니다.

이 3가지 신명(神名)을 종합해 보면, 우리가 아버지의 이름을 부를 때 어떻게 인식하고 불러야 하는지 알 수 있습니다. "하늘에 계신 우리 아버지"는 성자와 성령과 더불어 스스로 존재하는 분으로서 우리와 함께하시고 어떤 피조물보다 더 탁월한 능력과 권세를 지니시며, 또 모든 피조물을 소유하시고 다스리시는 하나님이라는 뜻입니다. 바로 이러한 아버지의 이름을 인식하며 우리가 간절히 불러야 합니다. 여러분이 하늘에 계신 아버지의 그러한 이름을 날마다 부를 수 있기를 간절히 바랍니다! 예수께서 아버지의 그 이름이 어떻게 되기를 기도해야 한다고 말씀하십니까?

"(당신의) 이름이 거룩히 여김을 받으시오며."

이 간구는 하나님의 이름이 덜 거룩한 상태에서 우리의 기도를 통해 더 거룩히 여김을 받아야 한다는 뜻이 아닙니다. 아버지의 이름은 원래부터 거룩하십니다. 여러분이 잘 알듯이, '거룩'이라는 말은 우선 세상과 구별된다는 뜻입니다. 또한 도덕적으로 완전하다는 뜻도 있습니다. 세상과 완전히 구별되며, 도덕적으로 완전한 존재가 하나님밖에 없기 때문에 하나님 아버지의 이름은 원래부터 거룩한 상태입니다.

그렇다면 아버지의 이름이 거룩히 여김을 받으시라는 의미가 무엇일까요? 하나님의 거룩하심을 우리에게 계시해 주셔서 우리가 그분의 거룩하심을 똑바로 알고 그분께 합당한 존경과 감사를 드리게 해 달라는 뜻입니다.[15] 사랑하는 여러분, 우리가 사는 이 세상은 하나님의 거룩하심에는 도무지 관심이 없습니다. 아버지께서 어떤 분이신지에 대해서는 아무런 관심도 없고, 오로지 자신에 대해서 모든 관심을 집중시키고 있습니다. 그리고 자기 자신을 중심으로 이 세상을

15 백금산 외, 『만화 주기도문』, 108.

바라보고 있습니다. 아버지께서 세상을 초월해 계시고 거룩하신 하나님이라는 사실을 전혀 인정하지 않습니다.

이러한 세상을 바라보며 우리는 어떠한 마음을 품어야 합니까? 아버지의 거룩하심이 인정받지 못하는 이 세상을 바라보며 우리가 어떤 마음을 가져야 합니까? 무슬림들은 '알라'(Allah)의 이름이 모독당하는 걸 느끼면 집단적으로 광분하며 난폭성과 폭력성을 여과 없이 드러냅니다. 실존하지도 않는 그들의 '하나님'이 사람들에게 짓밟힌다고 생각하기 때문입니다.

그렇다면 우리는 어떻게 반응해야 합니까? 혹시 여러분은 거룩하신 아버지의 이름이 모욕당하는 것을 빤히 보고도 아무렇지도 않습니까? 아니면 하나님의 거룩하심이 짓밟히는 현실을 보고 가슴을 치며 눈물을 흘려본 경험이 있습니까? 하나님 아버지의 거룩하심을 세상 가운데 계시해 주셔서, 그들도 우리처럼 당신의 거룩하심을 알게 해 달라고 기도해 본 적이 있습니까?

하나님 아버지의 이름이 거룩하심은 십자가 사건에 극도로 계시되어 있습니다. 세상과 완전히 구별되는 그 이름의 거룩하심이 십자가를 통해 우리에게 밝히 드러났고, 그 거룩하심은 이제 그리스도의 몸 된 교회에 충만하게 임재해 있습니다. 비록 구약의 성도이긴 하지만, 하나님의 사람 다니엘

이 그런 사실을 생생하게 깨닫고 있었습니다. 황폐해진 예루살렘 성을 보고 그는 주님의 거룩하심이 수치를 당하고 있음을 느꼈습니다(단9:16). 그리고 그 거룩하심이 주님의 백성에게 있음을 알았기 때문에, 주님 자신을 위하여 예루살렘의 황폐함을 돌이켜 달라고 간절히 기도했습니다(단9:19). 주님의 성과 주님의 백성이 주님의 이름으로 일컬어지기 때문에, 신약적인 의미로 그리스도의 몸 된 교회 가운데 주님 자신의 영광과 거룩하심을, 세상으로부터 주님이 친히 지켜 달라고 간구합니다. 이런 태도로 기도하는 것이 바로 아버지의 "이름이 거룩히 여김을 받으시오며"라고 기도하는 것입니다.

이제 하나님을 위한 두 번째 간구를 살펴보겠습니다. "나라가 임하시오며"(ἐλθέτω ἡ βασιλεία σου). 이번에도 역시 같은 이유로 '당신의'라는 말이 생략되어 있습니다. 예수님은 아버지 당신의 나라가 오게 해 달라고 기도할 것을 가르치셨습니다. 하나님 나라의 오심은 우리의 기도 제목일 뿐만 아니라 성경 전체를 관통하는 주제이기도 합니다. 성경에서 하나님의 나라는 주로 하나님의 '통치'(또는 '주권') 개념으로 정의됩니다(물론 영토적인 개념도 내포하고 있는데, 이것은 예수님이 재림하시는 그날에 완성될 것입니다).

여러분이 학창 시절에 배운 국가(나라)의 3요소가 무엇입니까? 주권과 국민과 영토입니다. 이 중에서 어느 하나라도 빠지면 안 되지만, 그래도 가장 본질적이고 중요한 것을 꼽으라고 하면 당연히 '주권'입니다. 주권을 다른 나라에게 빼앗기면 그 나라의 국민과 영토는 아무런 의미가 없습니다. 실제로 일제 강점기 때 우리나라가 그러했습니다. 우리나라의 주권이 일본에 빼앗기자, 우리 국민과 영토는 그 상황에서 무용지물(無用之物)이 되고 말았습니다.

하나님의 통치(또는 주권)로 정의되는 하나님의 나라는 2천년 전 갈보리 언덕에서 본격적으로 시작되었습니다. 이 세상 모든 곳이 하나님의 통치가 임하는 하나님의 나라이지만, 특히 십자가를 통한 '구속적 통치'는 그리스도의 십자가 사건으로부터 확장되기 시작했습니다. 하나님의 나라는 하나님이 이루어 가시지만, 실현되는 방식으로 보면 그분의 통치를 받는 택한 백성에 의해 확장되어 갑니다. 쉽게 말하면, 하나님의 백성이 하나님의 나라를 얼마나 사모하며 이 나라의 도래를 위해 얼마나 헌신하느냐에 따라 그 나라가 이루어진다는 뜻입니다. 물론 하나님 나라의 완성은 주님의 재림을 통해 최종적으로 이루어질 것입니다.

일제 강점기 하에서 '대한 독립'을 위해 자신의 모든 것을 희생한 우당(友堂) 이회영이라는 인물은 우리에게 큰 통찰력과 도전을 제시합니다.[16] 그는 '오성과 한음' 이야기에 나오는 오성 이항복의 후손입니다. 명동성당 일대의 땅을 대부분 소유한 거부이며, 6명의 정승과 2명의 대제학을 배출한 명문가입니다. 어마어마한 재산과 높은 신분을 가졌으며 또 명망 있는 집안이라 세상의 어느 누구도 부러워할 필요가 없는 인물이었습니다.

그러나 1910년 8월 29일 '경술국치'('국권 피탈' 또는 '한일 합방 조약')의 치욕을 당하자, 나라를 잃은 이회영은 자기 가족을 데리고 차가운 압록강을 건너 만주로 향하게 됩니다. 자기 가문의 모든 재산을 조국 독립을 위해 사용하기로 결심했기 때문입니다. 일본 정부의 회유에도 그는 모든 것을 버리고 낯선 땅 만주로 떠났습니다. 당시 처분한 재산은 40만 원인데, 지금으로 치면 600억 원에 해당합니다. 급하게 처분하느라 제값을 받지 못한 것까지 계산하면 약 2조 원에 달합니다. 자신의 전 재산을 쏟아 부어 만주에 '신흥무관학교'를 세우고 이곳에서 3,500명의 독립군을 길러냈는데, 이들이 만주 땅에 자리 잡은 독립 투쟁의 뿌리가 되었습니다.

더 많은 독립군을 길러내고 그들의 부담을 줄이기 위해 이회영 선생은 이 학교의 학비와 식비를 전액 무료로 제공하였

---

16 하대석 외, "'전 재산 600억' 조국 독립에 바친 '우당 이회영'", 『스브스뉴스』 2015년 8월, http://news.sbs.co.kr/news/endPage.do?news_id=N1003121898&plink=ORI&cooper=NAVER.

습니다. 그 결과 이회영 선생과 그의 가족들은 극심한 가난에 시달려야 했습니다. 하루에 죽 한 끼조차 먹기 힘들 정도가 되었습니다. 설상가상으로 사랑하는 가족들까지 잃었는데, 그의 형제 중 4명이 항일운동 중 사망하고 말았습니다. 그럼에도 그는 '대한 독립'을 위한 투쟁을 멈추지 않았습니다. 어떠한 시련과 역경이 닥쳐와도 독립운동을 중단하지 않았습니다. 그러나 1932년 그가 66세가 되던 해에 어떤 사람이 그를 일본 경찰에게 밀고하여 체포되었고, 모진 고문 끝에 이회영 선생은 안타깝게도 광복을 보지 못하고 눈을 감아야 했습니다.

사랑하는 여러분, 이회영 선생의 일화를 들으면서 무슨 생각을 했습니까? 우리나라의 독립을 위하여 자신의 모든 것을 희생한 이분의 고귀한 인생이, 하나님의 나라를 사모하는 우리에게 무언가 도전을 주지 않습니까? 이 지상의 나라의 주권이 회복되는 일에 그토록 희생적인 삶을 살았다면, 하물며 완전한 하나님의 통치가 임하게 하는 일에 우리가 얼마나 더욱 희생적인 삶을 살아야 하겠습니까?

이 땅 위에서 하나님의 통치를 온전히 맛볼 수 있는 곳이 바로 '교회'입니다. 하나님 아버지께서는 그리스도의 몸 된 교회에 실현된 하나님의 통치가 세상으로 점점 확장되어 가기를 원하십니다. 교회는 하나님의 나라로 들어오는 관문이며,[17] 동시에 하나님의 나라가 확장되어 가는 통로입니다. 하나님은 바로 이 교회를 통해 세상을 바라보시기 때문에, 우리도 교회 중심적인 시각을 가져야 합니다. 여러분이 이 세상 가운데 하나님의 나라가 임하기를 기도한다면, 하나님 아버지께서 조국 교회에 어떤 일을 기대하고 계시는지 깨달을 수 있어야 합니다. 아버지께서 한국 교회를 통해 이 땅에 당신의 나라를 어떻게 이루어 가실지를 두고 기도하며 그 일을 기대해야 합니다.

그리고 우리는 '대한 독립'을 위해 모든 것을 희생한 이회영 선생처럼, 조국 교회를 통한 하나님 나라의 확장을 위해 나의 모든 것을 쏟아 부을 각오를 하고 있어야 합니다. 이 땅 가운데 하나님의 완전한 통치가 임하기를 간절히 사모하면 할수록, 이 일에 들어가는 나의 시간과 물질과 노력이 아깝다는 생각이 전혀 들지 않습니다. 어마어마한 자신의 재산을 쏟아 붓고 정작 자신과 가족은 죽 한 그릇도 제대로 먹지 못한 그의 인생을 보기 바랍니다. 그가 얼마나 '대한 독립'을 사모했으면, 그런 미친 짓(?)을 할 수 있겠습니까! 그런 말도 안 되는 상황에서도 그가 독립운동을 멈추지 않은 것처럼, 여러분과 저도 조국 교회를 통한 하나님 나라의 운동을 전개하는 일에 혼신의 힘을 다해야 합니다. 이러한 중심을 가진 자만

17 유해무, 『개혁교의학』, 545.

이 아버지의 "나라가 임하시오며"라고 기도할 수 있습니다. 아버지 하나님의 나라가 임하기를 간절히 기도하는 복된 성도들이 되기를 바랍니다!

이제 마지막으로, "뜻이 하늘에서 이루어진 것 같이 땅에서도 이루어지이다"(γενηθήτω τὸ θέλημά σου, ὡς ἐν οὐρανῷ, καὶ ἐπὶ τῆς γῆς)라는 기도를 살피려고 합니다. 역시 마찬가지로, 여기에서도 '당신의'라는 말이 생략되어 있습니다. 즉, 아버지 "당신의 뜻"(τὸ θέλημά σου)이라는 의미입니다. 하나님 아버지의 뜻은 하늘에서 이미 이루어졌습니다. 천사들과 천상의 성도들은 하나님의 말씀에 온전히 순종하면서 그곳에서 하나님의 뜻을 온전히 이루고 있습니다(소교리문답 103).

그런데 하나님의 뜻에는 2가지 차원이 있습니다. 계시된 하나님의 뜻과 계시되지 않은 하나님의 뜻입니다.[18] 좀 더 쉽게 말하자면, 드러난 그분의 뜻과 감추어진 그분의 뜻입니다.

먼저, 감추어진 그분의 뜻은 예정과 섭리와 관련된 것입니다. 누구를 구원으로 예정하시고 어떻게 섭리하실지는 전적으로 하나님께 속한 것이어서 우리에게는 감추어져 있습니다. 이 영역에 관해서는 유한한 우리 인간이 쓸데없는 호기심으로 접근해서는 안 됩니다. 이것은 마치 가족을 위한 부모의 깊은 의중을 철없는 어린아이가 얄팍한 호기심으로

18 백금산 외, 『만화 주기도문』, 160.

파악하려는 것과 비슷합니다.

다음으로, 밝히 드러난 그분의 뜻은 성경에 기록되어 있습니다. 계시된 하나님의 뜻을 알려면 다른 것이 아닌 하나님의 말씀, 성경을 읽고 연구해야 합니다. 내 인생을 향한 하나님의 뜻을 알고 싶으면 기도원에 가서 예언 기도를 받아야 하는 것이 아니라, 말씀에 비추어 자신의 인생을 설계하며 성령의 인도하심에 온전히 순종해야 합니다.

우리는 흔히 하나님의 뜻을 개인의 선택 문제와 관련시키려고 합니다. 학생들은 어느 대학 또는 어느 직장에 갈지를 두고 하나님의 뜻이 어디에 있는지 고민하기 시작합니다. 그러나 제가 볼 때는 그것은 개인 선택의 문제이지 계시된 하나님의 뜻과는 관계가 없습니다.[19] 둘 중의 하나를 선택해야 하는 상황에서 하나님의 뜻을 적용하기 시작하면, 그 선택의 책임을 하나님께 돌리는 황당한 결과가 발생합니다. 하나님의 뜻이라고 적용하여 뭔가를 선택했는데, 나중에 완전히 비성경적인 일들이 발생하면 갑자기 그게 하나님의 뜻이 아닌 것이 됩니까?

19 물론 개인 선택의 문제를 두고 보통 하나님의 '뜻'을 구한다고 말하기도 한다. 하지만 그럴 때는 "하나님의 섭리 또는 인도하심을 믿고 내가 선택한다"는 말로 표현하는 것이 지혜롭다.

계시된 하나님의 뜻을 언급하는 구절들을 살펴보기 바랍니다. 그것은 개인의 선택 문제가 아니라, 우리의 구원 문제[20](요6:40; 갈1:4)와 특히 신앙생활의 보편성(살전4:3; 5:16-18)과 관련되어 있습니다.

> "하나님의 뜻은 이것이니 너희의 거룩함이라"(살전4:3).
>
> "항상 기뻐하라. 쉬지 말고 기도하라. 범사에 감사하라. 이것이 그리스도 예수 안에서 너희를 향하신 하나님의 뜻이니라"(살전5:16-18).

보다시피 계시된 하나님의 뜻은 우리의 거룩함이며, 우리가 항상 기뻐하고 기도하며 감사하는 것입니다. 하나님 앞에 신중하게 기도함으로 내가 어떤 일을 선택하고 나서 그 일을 통하여 거룩함을 이루고, 또 기뻐하며 기도하고 범사에 감사하는 것이 하나님의 뜻이라는 사실을 기억하기 바랍니다.

이러한 하나님의 뜻이 하늘에서 이루어진 것처럼, 땅에서도 이루어지게 해 달라고 우리는 기도해야 합니다. 하늘에서는 천상의 성도들이 이미 거룩함을 이루었고, 항상 기뻐하고 기도하며 감사하는 삶을 영원히 누리고 있습니다. 마찬가지로 이러한 영생의 그림자로서 우리가 이 땅 위에서 하나님의 뜻을 이루는 삶을 살도록 힘써 기도해야 합니다.

---

20 구원 교리의 객관적 진술을 의미하는 것이지, 누구를 구원하시는가에 관한 감추어진 뜻을 가리키는 것이 아니다.

이번 강(講)에서 우리는 "하나님을 위한 3가지 간구"를 살펴보았습니다. 먼저 스스로 존재하시고 탁월한 능력을 지니시며 만물을 소유하신 아버지의 이름이 거룩히 여김을 받게 해 달라고 기도해야 함을 알았습니다. 원래부터 거룩한 아버지의 이름을 우리에게 계시하셨기에, 우리가 그 거룩하심에 합당한 영광과 찬송을 드려야 함을 기억하기 바랍니다.

그리고 우리 예수님은 하나님의 통치로 정의되는 하나님 아버지의 나라가 임하게 해 달라고 기도할 것을 가르쳐 주셨습니다. 하나님의 나라는 교회를 통하여 확장되어 가는데, 이 일에 우리의 모든 것을 하나님께 드릴 준비가 되어 있어야 함을 인식하기 바랍니다. '대한 독립'을 위해 자신의 모든 것을 쏟아 부은 이회영 선생처럼 말입니다.

끝으로, 계시된 하나님의 뜻을 이 땅 가운데 이루어야 함을 알게 되었습니다. 개인의 선택 문제가 아니라, 우리의 거룩함과 또 기뻐하고 기도하며 감사하는 삶이 곧 계시된 하나님의 뜻이라는 것을 명심하기 바랍니다. 날마다 "하나님을 위한 3가지 간구"에 힘쓰는 복된 성도들이 되기를 소망합니다. 아멘.

내용 확인하기

1. 하나님의 이름이 성경에 어떻게 계시되어 있는지 설명해 보라.

2. 첫 번째 간구에 담긴 의미가 무엇인지 대답해 보라.

3. 두 번째 간구에 담긴 의미를 구체적으로 말해 보라.

4. 세 번째 간구에 담긴 의미를 신학적으로 답변해 보라.

삶에 적용하기

1. 현재 조국 교회의 상황을 고려할 때, 우리가 성도로서 어떻게 해야지 하나님의 이름이 거룩해지겠는가?

2. 하나님의 나라가 이 땅에 도래하기를 간절히 사모하고 있는가? 그렇다면 그 나라에 대한 나의 기대감이 내 삶 속에 구체적으로 어떻게 표현되고 있는가?

3. 나의 신앙생활 가운데 하나님의 '뜻'을 어떻게 적용할지를 두고 고민해 보라.

4. 매일 기도하는 시간에 "하나님을 위한 3가지 간구"를 어떻게 실천해 보겠는가?

우리를 위한 3가지 간구
: 양식, 사죄, 시험 & 송영

마태복음 6:11-13

우리의 양식과
사죄와 시험에 대한
기도, 그리고 송영

4

올인원
주기도문

내용 한눈에 보기

제4강: 우리의 양식과 사죄와 시험에 대한 기도, 그리고 송영

1. "오늘 우리에게 일용할 양식을 주시옵고"

· 나의 양식이 충분하다면 다른 사람의 형편을 세밀하게 살펴, 나를 통해 그들에게도 충분한 양식이 채워지게 해 달라는 의미이다.

· "일용할 양식"은 일차적으로 문자적이고 물리적인 양식이다.

· 또한 양식 이외에 삶의 필수품까지 포함한다.

2. "우리가 우리에게 죄 지은 자를 사하여 준 것 같이 우리 죄를 사하여 주시옵고"

· 내가 다른 사람의 죄를 용서하지 않으면, 내 죄를 용서하지 말아달라는 무서운(?) 의미이다.

· 하나님께 이미 용서 받은 우리가 여전히 그분의 용서하시는 은혜로 살아갈 수 있음을 뜻한다.

· 우리가 이미 죄 사함의 은혜를 받은 성도로서, 나에게 죄를 저지르는 이웃을 당연하게 용서해야 한다는 말이다.

3. "우리를 시험에 들게 하지 마시옵고 다만 악에서 구하시옵소서"

· 우리가 사탄에게 미혹되어 허덕일 때 아버지께서 우리를 악에서 구해 달라는 의미이다.

· 이때 말하는 시험은 우리 스스로 자초하는 '미혹'의 의미이다.

· 하나님은 우리의 신앙 성숙을 위해 '시험'은 하시지만, 우리를 넘어뜨리기 위해 '미혹' 하시지는 않는다.

4. "나라와 권세와 영광이 아버지께 영원히 있사옵나이다 아멘"

· 우리를 위한 3가지 간구의 근거가 된다는 의미이다.

· '아멘' 이라는 말은 우리의 기도를 들어 주신다는 확신의 고백이다.

내용
연구
하기

어느덧 주기도문 강해의 마지막 시간이 되었습니다. 교회의 '비전 선언문'이라 할 수 있는 주기도문은 성도의 정체성과 사명을 말해 준다고 배웠습니다. 하나님의 친근함(내재성)과 초월성을 인식하여 "하늘에 계신 우리 아버지여"라고 부르는 성도는 무엇보다 아버지의 "이름이 거룩히 여김을 받으시오며"라고 기도합니다. 원래부터 거룩한 아버지의 이름을 우리에게 계시하셔서 우리가 정확히 아버지의 이름을 인식하며 부를 수 있게 해 달라는 뜻입니다.

또 하나님의 통치로 정의되는 하나님 아버지의 "나라가 임하시오며"라고 간구해야 합니다. 교회를 통한 그분의 나라가 확장되는 일에 우리의 삶을 쏟아 부어야 하는 것입니다. 그리고 성경에 계시된 아버지의 "뜻이 하늘에서 이루어진 것 같이 땅에서도 이루어지이다"라고 성도는 기도합니다. 개인의 선택 문제가 아닌 우리의 거룩함이 하나님의 뜻이라는 사실과, 또 기뻐하며 기도하고 감사하며 사는 것이 하나님의 뜻이라는 사실을 인식하면서 아버지의 뜻을 구하는 기도를 해야 합니다.

'하나님을 위한 3가지 간구'를 하는 성도는 마침내 자신을 위한 3가지 간구를 할 수 있습니다. "오늘 우리에게 일용할 양식을 주시옵고"(τὸν ἄρτον ἡμῶν τὸν ἐπιούσιον δὸς ἡμῖν σήμερον). 예수님은 우리에게 일용할 양식을 하나님께 구하라고 말씀하십니다. 여기에서 "일용할 양식"이 무엇인가를 두고 학자들마다 의견이 분분합니다. 크게 2가지로 나뉠 수 있는데, 영적인 해석과 물리적인 해석입니다. 영적인 해석을 따르는 사람들은 "일용할 양식"을 성찬의 빵(떡), 그리스도 자신, 하나님의 계명 등으로 해석합니다.[21] 다시 말해, 우리가 매일 구해야 할 양식은 하늘에서 내려온 예수님 자신이며 하나님의 계명인데, 우리가 이것을 양식으로 삼아 날마다 성장해야 한다는 뜻입니다.

그러나 저의 판단으로 이 해석은 그다지 바람직하지 않아 보입니다. 예수님이 우리의 영적 필요를 아심과 동시에 육적인 필요까지 채워 주시기 때문입니다. 예수님 자신도 이 땅 위에 사셨을 때 영적 양식만으로 살아가실 수 없었습니다. 그분의 육신을 생존시키기 위해 물리적인 양식을 드셔야만 했습니다. 따라서 일차적으로 일용할 양식은 문자적이고 물리적인 양식입니다.

그러나 매일 '먹는' 물리적인 양식으로만 꼭 해석할 필요는 없습니다. 물론 극심한 가난에 허덕이는 사람에게는 문자적으로 '먹는 양식'일 수 있지만, 그렇지 않고 매일 먹을 양식을 가진 사람에게는 달리 해석되어야 합니다. 개혁자 마틴 루터는 일용할 양식을 두고 "우리 삶을 위한 양식과 필수품

21 여기에 해당하는 인물은 암브로시우스, 키프리아누스, 아우구스티누스 등이 있다.

에 속하는 모든 것들"이라고 했습니다.[22] 즉, 양식이 있는데 집이나 다른 삶의 수단이 결핍된 사람들에게는 양식 이외의 것들까지 포함한다는 것입니다.

이런 의미에서 본다면, 여러분 중에도 일용할 양식을 구해야 할 성도들이 있을 줄 압니다. 예전과는 달리 요즘은 절대적 빈곤에서 벗어났다 하지만, 그럼에도 우리에게는 '양식' 이외의 것들이 반드시 필요할 때가 많습니다. 예를 들어, 자녀를 키우는 데도 엄청난 비용이 들어갑니다. "생육하고 번성하라"는 하나님의 말씀을 이행하기가 갈수록 힘들어지고 있습니다. 비록 6년 전 통계이지만 '2012년 전국 결혼 및 출산 동향 조사'에 따르면, 자녀 1명을 낳아 대학까지 졸업시키는 데 무려 4억 원에 육박하는 액수가 들어간다고 합니다.[23] 물론 매월 적정 수준의 사교육비를 지출하는 일반적이고 평범한 가정을 대상으로 조사한 결과입니다.

그런데 자녀에게 사교육은커녕 갖고 싶은 장난감도 사 주지 못하는 가정도 있습니다. 심지어 어떤 아이들은 태어나서 수영장에 한 번도 가 보지 못한 경우도 있습니다. 이런 아이들에게는 그저 일용할 '양식'만 있다고 해서 인간다운 삶을 산다고 말할 수 있을까요? 이들에게는 문자적인 양식 이외

---

22 김남준, 『깊이 읽는 주기도문』, 248에서 재인용.

23 안은선, "자녀 1명 대학 졸업까지 양육비 '3억 896만 원'", 『베이비뉴스』 2013년 4월, http://www.ibabynews.com/News/NewsView.aspx?NewsCode=201304101521243195935480.

의 것들을 구해야 하는 기도로 이해되어야 합니다.

그리고 우리 주님은 "우리에게" 일용할 양식을 주시도록 기도할 것을 가르치셨습니다. 우리는 주님의 가르침을 정확하게 인식해야 합니다. 나에게 일용할 양식이 있으면 그것으로 만족하고 하나님께 감사하라는 의미가 결코 아닙니다. 물론 이것도 감사해야 하지만, 나 외에 다른 사람에게 일용할 양식이 충분히 있는지 세밀하게 살피고, 그들의 양식이 여러분을 통해 충분히 채워질 때 하나님께 감사하라는 뜻입니다. 더욱이 원문에는 그냥 "일용할 양식"이 아니라 "일용할 우리의 양식" 이라고 되어 있습니다(88쪽 참고). 나를 통해 이웃의 일용할 양식이 채워짐을 경험하는 성도가 "오늘 우리에게 일용할 양식을 주시옵고"라는 간구를 진정으로 하는 자입니다.

저는 고등학교 시절에 이 간구의 '내용'을 실제로 실천하며 은혜를 경험한 적이 있습니다. 저는 보기와는 다르게 가난한 학창 시절을 보냈습니다. 축산 농가의 빚더미 속에서 온 가족이 생계유지를 위해 날마다 전쟁을 치러야 했습니다. 그러한 상황에서도 하나님은 저에게 복음의 진리를 붙들 수 있는 은혜를 베풀어 주셨습니다. 고등학교 2학년 때의 어느 날, 저는 친구들과 함께 교실 밖에서 점심 도시락을 먹고 있었습니다. (참고로, 당시에는 급식 제도가 없었습니다.) 그때 어떤 중학생이 아주 불쌍한 표정을 지으며 우리에게 오더니 다짜

고짜 점심 값을 좀 달라고 했습니다. 매일 찾아오는 걸 보고 제가 좀 측은하게 여겨, 어느 날 이 아이와 친해지기로 마음먹었습니다.

이 아이의 사정을 들어보니 참으로 기가 막혔습니다. 아버지는 공사장에서 일하시다가 허리를 다쳐 병원에 입원해 계시고, 친엄마는 예전에 가출했으며 당시 같이 살던 새엄마까지 얼마 전에 집을 나갔고, 게다가 형과 누나는 오래전에 가출해서 집에 들어오지 않는다는 것이었습니다! 이 아이는 누군가 도와주지 않으면 하루 종일 굶어야 하는 상황이었습니다. "오늘 우리에게 일용할 양식을 주시옵고"라는 간구를 실천해야겠다는 생각이 솟구쳐 올랐습니다.

저는 그때까지 제가 세상에서 제일 불쌍한 사람인 줄 알았습니다. 하지만 이 아이를 만난 후로 그런 생각이 싹 없어져 버렸습니다. 오히려 내 처지를 두고 하나님께 감사하게 되었습니다. 적어도 저에게는 새엄마라도 집에 계셨으니 말입니다. 여하튼 저는 그날부터 이 아이를 제 친동생처럼 여기고 매일 점심 값을 1,000원씩 마련해 주기로 했습니다. 당시에 1,000원이면 학교 매점(간이식당)에서 우동 한 그릇을 사 먹고도 200원이 남는 돈이었습니다. 점심시간마다 저는 이 아이를 만나 점심 값을 주고 나서 매일 성경 말씀을 들려주었습니다. 평소 저의 습관대로 성경 구절을 종이에 적어 주면서 같이 암송하자고 권하기도 했습니다. 일용할 양식도 중요하지만 영의 양식이 더욱 중요함을 깨달았기 때문입니다. 예수님을 모르는 이 아이는 저를 통해 복음을 조금씩 알게 되었습니다.

그러나 저는 서서히 재정 압박에 시달리게 되었습니다. 몇 개월 동안 부모님 몰래 '구제 사역'을 하고 있었기 때문에, 고등학생인 저로서는 점심 값을 매일 마련하기가 여간 부담스러운 일이 아니었습니다. 그러던 어느 날 제 주머니에는 집에 갈 때 써야 하는 버스 요금밖에 없었습니다. 그날 점심 때 저는 이 아이에게 오늘 하루만 굶으라고 하고 내일부터 다시 도와준다고 말하려다가 차마 그렇게 말할 수 없었습니다. 오늘 내가 도와주지 않으면 하루 종일 굶어야 하기 때문입니다. 그래서 저는 수중의 돈 전부를 이 아이에게 주고 아무렇지도 않은 척하면서 평소처럼 성경 말씀을 들려주었습니다.

방과 후에 저는 친구에게 돈을 빌렸고, 집에 가려고 버스 정류장으로 향하고 있었습니다. 그날따라 걸어가면서 기도가 잘 나오지 않았습니다. 당장 내일부터 '이 아이를 어떻게 도와줘야 할까'라는 염려가 제 마음을 사로잡았기 때문입니다. 그러던 중에 저는 놀라운 일을 체험하게 되었습니다. 난생처음 보는 아저씨가 갑자기 저를 세우더니 차표를 건네는 것이었습니다! 당시 제가 말을 심하게 더듬거려서 감사의 말도 똑바로 하지 못하고 있는 동안, 그 아저씨는 홀연히 사라져 버렸습니다. 당황스러운 마음을 추스르며 대합실에서 버스를 기다리는 동안 저는 성경을 읽고 있었습니다. 이번에는 20대 중반으로 보이는 어떤 누님이 저에게 오더니 차비를 빌려 주고 싶다는 것이었습니다! 아무리 저의 생긴 모습이 없어 보여도 그렇지, 저는 정말 성경만 읽고 있었는데 그 누님이 그렇게 말할 줄은 상상조차 못했습니다.

그 순간 저는 참으로 섬뜩하면서도 은혜로운 기분에 사로잡히게 되었습니다. 하나님 아버지께서 마치 하늘에서 저의 상황을 지켜보시고, 그날 그 두 명의 '천사'를 저에게 보내셨다는 생각이 들었기 때문입니다. 평소에 암송했던 성경 구절들이 저의 머릿속에 스치기 시작했습니다.

"나의 하나님이 그리스도 예수 안에서 영광 가운데 그 풍성한 대로 너희 모든 쓸 것을 채우시리라"(빌4:19).

"그런즉 너희는 먼저 그의 나라와 그의 의를 구하라. 그리하면 이 모든 것을 너희에게 더하시리라"(마6:33).

앞서 말한 대로, 마태복음 6장 33절이 바로 주기도문 6가지 간구 부분의 구조입니다. 우리가 먼저 하나님의 나라와 의를 구할 때, 하나님이 이 모든 필요를 더해 주신다는 말입니다. 다시 말해, 우리가 하나님을 위한 간구를 순전한 마음으로 하면, 하나님께서 반드시 우리의 기도에 응답해 주신다는 것입니다. 아니, 어떤 의미에서는 우리가 굳이 간구하지 않아도 하나님께서 먼저 우리의 필요를 채워 주신다는 뜻입니다.

"오늘 우리에게 일용할 양식을 주시옵고"라는 간구가 '우리를 위한 3가지 간구' 중에 가장 먼저 나온다는 사실에 주목하시기 바랍니다. 여러분과 제가 이웃의 '양식'을 힘써 구하고 그들의 필요를 채워 주려고 할 때, 하나님 아버지께서 반드시 우리의 기도에 응답해 주신다는 사실을 믿기 바랍니다! 22년 전의 한 고등학생이 경험했던 그러한 은혜가 여러분에게, 또한 여러분의 교회학교 아이들에게도 동일하게 나타나기를 간절히 소망합니다.

나의 일용할 양식만이 아니라 '우리'의 일용할 양식을 순전하게 구하는 자는 나머지 2가지 간구를 충분히 할 수 있는 사람입니다. "우리가 우리에게 죄지은 자를 사하여 준 것 같이 우리 죄를 사하여 주시옵고"(καὶ ἄφες ἡμῖν τὰ ὀφειλήματα ἡμῶν, ὡς καὶ ἡμεῖς ἀφίεμεν τοῖς ὀφειλέταις ἡμῶν). 여기에서 '죄'에 해당하는 헬라어가 '빚'(ὀφείλημα)이라고 되어 있습니다. 즉, 우리가 우리에게 빚진 자를 탕감해 준 것처럼, 하나님 아버지께서 우리의 빚을 탕감해 주시라는 뜻입니다. 유대인들은 죄를 지으면 하나님 앞에서 빚을 진 것으로 생각했습니다. 그렇기 때문에 마태는 이런 개념에 익숙한 유대인들에게 죄 용서의 가르침을 효과적으로 전달하기 위해 '빚'이라는 용어를 동원한 것입니다. 반면에 헬라인들을 대상으로 기록된 누가복음의 주기도문 원문에는 분명히 '죄'(ἁμαρτία)라는 표현으로 되어 있습니다.

"우리가 우리에게 죄지은 자를 사하여 준 것 같이 우리 죄를 사하여 주시옵고"라는 간구를 자세히 보면, 내가 다른 사람의 죄를 용서해 준 것처럼 하나님이 내 죄를 용서해 달라는 뉘앙스가 담겨 있습니다. 이것을 달리 말하면, 내가 다른 사람의 죄를 용서하지 않으면 내 죄를 용서하지 말아달라는 의미가 될 수도 있습니다.[24] 물론 이 간구를 하는 사람은 이미 그리스도 안에서 하나님께 죄 용서를 받은 사람입니다. 좀 더 정확히 말해, 그리스도의 십자가 공로로 이미 하나님 앞에서 무죄 선고를 받은 '의인'입니다. 그렇다면 이 간구는 이미 구원받은 성도가 날마다 저지르는 죄를 두고 어떤 태도를 가져야 하는지를 보여 주는 것입니다.

실제로 내가 다른 사람의 죄를 용서해 준만큼 하나님이 내 죄를 용서해 주신다면, 아마 어느 누구도 사죄(赦罪)의 은혜

24 John Calvin, *Institutes of the Christian Religion*, III.xx.45.

에서 자유로울 수 없을 것입니다. 왜냐하면 우리는 천성적으로 남을 용서하기를 꺼려하기 때문입니다. 따라서 예수님이 가르쳐 주신 이 간구의 내용은, 다른 사람들의 죄를 용서해 주는 데에 그 목적이 있는 것이 아니라(물론 이것도 큰 비중을 차지하지만) 오히려 하나님께 이미 용서 받은 우리가 여전히 그분의 용서하시는 은혜로 살아갈 수 있음을 자각하는 데 그 목적이 있는 것입니다.[25]

그래서 우리는 이 간구 내용을 묵상하면서 하나님이 나를 날마다 용서하고 계심을 깊이 깨달아야 합니다. 가만히 있어도 사람을 미워하는 생각이 들고 온갖 음란한 생각에 사로잡혀 하나님 아버지를 대적함에도 불구하고, 여전히 나를 자녀로 받아주시고 내 죄를 용서하고 계신다는 이 사실을 굳게 붙들어야 합니다. 바로 이런 사실을 믿는 자만이 다른 사람을 용서할 수 있는 마음을 품을 수 있습니다.

다른 사람이 나에게 아무리 큰 죄를 저질러도, 내가 하나님의 독생자를 십자가에 못 박은 것보다 더 큰 죄는 있을 수 없습니다. 그렇기 때문에 하나님께 죄 용서를 이미 받은 성도는 나에게 죄를 지은 이웃을 당연하게 용서해야 하는 것입니다. 자기에게 돌을 던지는 대적자들을 품고 오히려 그들의 죄 용서를 두고 간구하던 스데반의 마음이 그러합니다. 또

25 김남준, 『깊이 읽는 주기도문』, 330.

자신의 두 아들을 죽인 원수를 양자로 삼은 손양원 목사님의 심정이 바로 그러합니다.

이제 '우리를 위한 3가지 간구' 중에서 마지막 부분을 살펴보겠습니다. "우리를 시험에 들게 하지 마시옵고 다만 악에서 구하시옵소서"(καὶ μὴ εἰσενέγκης ἡμᾶς εἰς πειρασμόν, ἀλλὰ ῥῦσαι ἡμᾶς ἀπὸ τοῦ πονηροῦ). 이 부분에서 '시험'이라는 번역은 오해를 불러일으킬 수도 있습니다. 왜냐하면 야고보서 1장 13절은 "…하나님은 악에게 시험을 받지도 아니하시고 친히 아무도 시험하지 아니하시느니라"고 말씀하기 때문입니다. 따라서 "우리를 시험에 들게 하지 마시옵고"라는 부분을, "우리를 미혹에 빠지지 않게 하시옵고"라는 표현으로 옮기는 것이 좋습니다.

'시험'과 '미혹'은 전혀 다른 것입니다. '시험'(test)은 우리의 신앙을 더욱 성장시키기 위해 하나님께서 마음 아파하시며 베푸시는 것이지만, '미혹'(temptation)은 우리 스스로가 자신의 욕망과 사탄의 꾐에 기꺼이 넘어감으로써 자기 신앙을 스스로 타락시키는 것입니다. (물론 하나님의 '주권'이라는 맥락에서 보면, 미혹 역시 그분의 허락 아래에 진행되는 것입니다.) 하나님 아버지께서는 우리에게 '시험'은 베푸시지만, 우리를 '미혹'에 빠뜨리시지는 않습니다. 언제나 우리를 사탄의 미혹에서 지켜 보호해 주기를 원하시기 때문입니다. 부모가 자녀를 때로

테스트(시험)할지는 몰라도, 자녀의 인생이 망치도록 미혹의 상황에 내버려두지 않는 것과 동일한 이치입니다.

그럼에도 우리는 "다만 악에서 구하시옵소서"라고 간구해야 합니다. 우리가 철없이 행동해도 마냥 육신의 부모처럼 하나님이 우리를 함부로 하시지 않을 거라고 생각해서는 곤란합니다. 하나님이 우리를 미혹에 빠뜨리지 않으실지라도, 혹여나 우리가 사탄에게 미혹되어 그 가운데서 허덕일 때, 아버지께서 우리를 악에서 구해 달라고 간절하게 또 겸손하게 아뢰어야 하는 것입니다.

마지막으로, 우리는 송영 부분을 살펴봐야 합니다. "나라와 권세와 영광이 아버지께 영원히 있사옵나이다. 아멘" (Ὅτι σοῦ ἐστιν ἡ βασιλεία καὶ ἡ δύναμις καὶ ἡ δόξα εἰς τοῦς αἰῶνας. Ἀμήν).[26] 이전(개역한글판) 주기도문에는 시작 부분에 '대개(大蓋)'라는 말이 들어 있었습니다. 그러나 이 단어가 '대개(大槪)'라는 말과 매우 혼동하기 쉽기 때문에 생략한 것 같습니다. 옛 주기도문에 있던 '대개(大蓋)'라는 말은 "일의 큰 원칙으로 말하건대"라는 뜻입니다.[27] 헬라어나 영어 본문에는 '왜냐하면'이라는 말로 되어 있습니다. 따라서 '대개(大蓋)' 또는 '왜냐

26 이 부분이 비잔틴 본문(BYZ)에는 포함되어 있으나 비평 본문(NA/UBS)에는 없다. 그럴지라도 개혁자들을 비롯하여 교회가 오랫동안 사용해 온 비잔틴 본문을 따라, 다소 논란이 있더라도 송영 부분을 주기도문의 일부로 간주한다.

27 "대개(大蓋)", 『민중 엣센스 국어사전(제6판)』, 민중서림 편집국 편 (파주: 민중서림, 2006), 571.

하면'이라는 말을 삽입해서 번역해야 합니다. 이것은 마지막 송영 부분이 '우리를 위한 3가지 간구'의 근거가 된다는 의미입니다. 다시 말해, 우리에게 일용할 양식을 주시고 우리의 죄를 용서하시며 우리를 미혹에 빠지지 않고 악에서 구하실 수 있는 근거가 바로 나라와 권세와 영광이 영원히 아버지께 있기 때문입니다.

사랑하는 여러분, 아버지의 나라와 권세와 영광을 참으로 믿습니까? 그분의 나라가 영원하고 그분의 권세가 무궁하며 그분의 영광이 참으로 위대하심을 믿습니까? 그렇다면 여러분은 이미 하나님께 기도 응답을 받은 존재입니다. 하나님은 우리가 간구하기 전에 이미 우리의 기도를 응답해 주시려고 기다리는 친근한 아버지이십니다! 이러한 아버지께서 여러분의 신음과 아픔을 다 헤아리시고, 우리를 감싸 안으신다는 사실을 굳게 확신하기 바랍니다.

주기도문의 마지막은 '아멘'이라는 말로 끝을 맺습니다. 이것은 우리의 기도를 들어주신다는 확신의 고백입니다(소교리문답 107). 우리의 기도가 하나님의 방식과 하나님의 때에 확실하게 응답될 것이라는 믿음의 고백입니다. 여러분이 주기도문뿐만 아니라 개인적으로 기도할 때도 '아멘'이라는 말을 건성으로 내뱉지 않기 바랍니다. '아멘'은 기도가 끝났음을 알리는 단어가 아니라, 기도의 클라이맥스(절정)를 알리는 신앙의 고백입니다. '아멘'이라는 마지막 한마디에 우리의 온 마음을 담아서, 하나님께 겸손하고 거룩한 태도로 그 말을 아뢰어야 합니다. 이와 동시에 이제부터 우리의 기도가 응답될 것이라는 기대감과 확신을 가져야 합니다. 하나님의 말씀과 약속에 언제나 '아멘'으로 반응하는 복된 성도들이 되기 바랍니다.

날마다 우리는 세상 가운데 하나님의 자녀로 살아가고 있습니다. 먼저 하나님의 나라와 의를 구할 때, 즉 하나님을 위한 간구를 간절히 아뢸 때 우리를 위한 기도 제목들이 자연스럽게 응답되는 체험을 하기 바랍니다. 하나님의 나라와 권세와 영광을 확신하며, 세상 가운데 여러분의 믿음을 맘껏 드러내기를 간절히 기도합니다. 아멘.

내용 확인하기

1. 네 번째 간구에 담긴 의미를 자세히 설명해 보라.

(특히 '우리'라는 표현과 관련하여)

2. 다섯 번째 간구에 담긴 의미가 무엇인지 대답해 보라.

3. 여섯 번째 간구에 담긴 의미를 간략하게 말해 보라.

(특히 '시험'이라는 번역어에 주의하여)

4. 마지막 송영 부분을 정확하게 번역하여, 그 의미를 문맥상으로 제대로 설명해 보라.

삶에 적용하기

1. 이웃에게 필요한 '양식'을 위해 어떤 마음으로 간구하며, 또 그 양식(또는 생필품)이 채워지도록 실제적으로 이웃에게 어떤 노력을 하고 있는가?

2. 도무지 용서가 안 되는 사람에게 사죄(赦罪)의 마음을 품으려고 노력한 경험이 있으면 구체적으로 서로 나누어 보라.

3. 미혹에 강렬하게 이끌릴 때 하나님께 간구하며 그 미혹을 떨쳐 버리려고 애쓴 경험이 있는가?
(특히 반복되는 죄와 관련하여)

4. '아멘'이라는 말을 내뱉을 때 이제부터 어떤 마음으로 그 용어를 사용하겠는가?

올인원 주기도문

부록

다시 번역한[1] 주기도문

trans. 권율 목사

하늘[2]에 계신 우리 아버지여,

당신[3]의 이름이 거룩해지게 하시고[4]
당신의 나라가 오게 하시며,
당신의 뜻이 하늘에서처럼
땅에서도 이루어지게 하소서.

오늘 우리에게 일용할 우리의 양식을 주시고,
우리에게 죄지은 자들을[5] 우리가 또한 용서하듯이[6]
우리에게 우리의 죄[7]를 용서하시며,
우리를 유혹[8]에 끌어들이지 마시고[9]
다만 악한 자[10]로부터 우리를 구하소서.

(왜냐하면 나라와 능력과 영광이
영원토록 당신의 것이기 때문입니다. 아멘.) [11]

* 마태복음 6:9–13

1 헬라어 원문(BYZ)에서 직접 번역하되 영어 번역문(NKJV)도 참고하였으며, 원문에 없는 단어는 작은 글씨로 처리하였다.

2 원문에는 "하늘들"(τοῖς οὐρανοῖς)이라고 되어 있다.

3 '당신'이라는 대명사가 2인칭으로 사용될 때 이전에는 하대(下待)하는 호칭으로 사용되었으나, 최근에 문어체에서는 상대편을 높여 부르는 말로 사용될 수 있다고 인정하였다. 자세한 것은 국립국어원 표준국어대사전 홈페이지(http://stdweb2.korean.go.kr/main.jsp)를 참고하라.

4 하나님이 자신의 거룩한 이름을 모든 멸시와 모욕으로부터 지키시며, 세상의 모든 사람들이 하나님의 거룩한 이름을 경외하게 해 달라는 의미이다(John Calvin, *Institutes of the Christian Religion*, Ⅲ.xx.41).

5 원문에는 "우리의 채무자들을"(τοῖς ὀφειλέταις ἡμῶν)이라고 되어 있다.

6 '비평 본문'(NA/UBS)에는 "용서했듯이"(ὡς ... ἀφήκαμεν)라고 되어 있다.

7 원문에는 "빚들"(τὰ ὀφειλήματα)이라고 되어 있다.

8 또는 "미혹"(迷惑)으로도 번역할 수 있다.

9 "빠지지 않게 하시고"라는 의미이다. 부연하자면, 미혹의 상황마저도 하나님의 주권 하에 있다는 고백이다.

10 또는 "악한 것"으로도 번역할 수 있다.

11 괄호 부분이 비잔틴 본문(BYZ)에는 포함되어 있으나 비평 본문(NA/UBS)에는 없다.

새 번 역
주기도문

하늘에 계신 우리 아버지,

아버지의[1] 이름을 거룩하게 하시며,[2]

아버지의 나라가 오게 하시며,

아버지의 뜻이 하늘에서와 같이

땅에서도 이루어지게 하소서.

오늘 우리에게 일용할 양식을 주시고,

우리가 우리에게 잘못한 사람을 용서하여 준 것같이

우리 죄를 용서하여 주시고,

우리를 시험에 빠지지 않게 하시고

악에서 구하소서.

나라와 권능과 영광이

영원히 아버지의 것입니다. 아멘.

* 출처: 『21C 큰글 찬송가』 (2007), (앞쪽 내지), 한국찬송가공회.

---

1 원문(σου)은 '당신의'라는 뜻이다.

2 "아버지께서 우리를 통하여 당신의 이름을 거룩하게 하소서"라는 의미가 함축되어 있다.

헬라어 주기도문

The Lord's Prayer in Greek

Πάτερ ἡμῶν ὁ ἐν τοῖς οὐρανοῖς,

ἁγιασθήτω τὸ ὄνομά σου·

ἐλθέτω ἡ βασιλεία σου·

γενηθήτω τὸ θέλημά σου,

ὡς ἐν οὐρανῷ, καὶ ἐπὶ τῆς[1] γῆς·

τὸν ἄρτον ἡμῶν τὸν ἐπιούσιον δὸς ἡμῖν σήμερον·

καὶ ἄφες ἡμῖν τὰ ὀφειλήματα ἡμῶν,

ὡς καὶ ἡμεῖς ἀφίεμεν[2] τοῖς ὀφειλέταις ἡμῶν·

καὶ μὴ εἰσενέγκῃς ἡμᾶς εἰς πειρασμόν,

ἀλλὰ ῥῦσαι ἡμᾶς ἀπὸ τοῦ πονηροῦ.

Ὅτι[3] σοῦ ἐστιν ἡ βασιλεία καὶ ἡ δύναμις καὶ ἡ δόξα εἰς τοὺς αἰῶνας. Ἀμήν.

* 출처: *The New Testament in the original Greek: Byzantine Textform 2005*, with morphology. (2006). (Mt 6:9–13). Bellingham, WA: Logos Bible Software.

---

1 Variant with NA/UBS: τῆς ♦ -
2 Variant with NA/UBS: ἀφίεμεν ♦ ἀφήκαμεν
3 Variant with NA/UBS: Ὅτι σοῦ ἐστιν ἡ βασιλεία καὶ ἡ δύναμις καὶ ἡ δόξα εἰς τοὺς αἰῶνας Ἀμήν ♦ -

영 어
주기도문

The Lord's Prayer

Our Father in heaven,

Hallowed be Your name.

Your kingdom come.

Your will be done

On earth as it is in heaven.

Give us this day our daily bread.

And forgive us our debts,

As we forgive our debtors.

And do not lead us into temptation,

But deliver us from the evil one.

[1]For Yours is the kingdom and the power and the glory forever. Amen.

* 출처: *The New King James Version*. (1982). (Mt 6:9-13). Nashville: Thomas Nelson.

1 NU omits the rest of v.13.

올인원 주기도문

모범답안

내용 확인 하기

제1강 p.29

1. 주기도문이 나오는 성경 본문 두 군데를 찾아서 읽어 보라.

마태복음 6장 9–13절과 누가복음 11장 2–4절이다. 교회의 전통은 마태복음 본문을 예배시간에 주기도문으로 사용하고 있다(p.18).

2. 주기도문의 성격을 우리의 정체성과 관련지어 설명해 보라.

주님이 세우신 지상의 교회가 완전한 하나님 나라의 도래를 위해 어떤 정체성을 가지고 어떤 사명을 감당해야 하는가를 가장 핵심적으로 보여 주는 기도문이다(p.22).

3. 주기도문이 산상수훈(마5–7장)에서 가장 핵심부에 위치하고 있는 것은 무슨 의미를 담고 있는가?

성도들의 삶의 방식에 있어서 가장 중요한 잣대가 바로 '주기도문'이라는 사실을 의미한다. 그리고 주기도문이 담긴 본문(6:9–13)이 기도에 관한 부분(6:5–15)의 한가운데 위치하는 것은, 성도들이 기도하는 방식에 있어서도 주기도문이 가장 중요한 기준이 된다는 사실을 의미한다(p.23).

4. "그러므로 너희는 이렇게 기도하라!"(마6:9a)고 예수님이 말씀하신 이유는?

자기 방식대로 열심히 기도하는 유대인 및 이방인들과는 전혀 다른 방식으로 기도해야 한다는 것을 가르쳐 주시기 위함이다. 단지 기도할 줄 모르는 사람에게 기도 방법을 가르쳐 주시려는 목적이 아니다(p.23).

5. 주기도문의 구조를 소교리문답의 언어로 표현하여 정리해 보라.

크게 세 부분으로 이루어져 있는데, 1개의 서문(preface)과 6개의 간구(petitions)와 1개의 결론(conclusion)으로 나뉜다(p.24).

1. 주기도문을 암송하면서 그 내용이 나의 기도가 되었던 적이 있는가?

신앙이 어렸을 때는 거의 기계적으로 암송했던 것 같은데, 주기도문의 의미를 되새기며 암송할 때부터 나의 기도가 되기 시작했다. 주께서 가르쳐 주신 기도 내용이 진심으로 나의 기도가 되기를 소망한다.

2. 예수님을 믿는 성도로서 '나의' 정체성과 사명을 주기도문의 내용과 관련지어 구체적으로 대답해 보라.

그리스도를 믿는 성도로서 하나님의 이름을 높이고 그분의 나라와 뜻을 구하는 존재로 이 땅을 살아가고 있다. 이 땅에 하나님 나라가 마치 완성된 것처럼 살아가는 '성도'라는 정체성을 가지고 있다. 또한 나 개인뿐만 아니라 '우리'의 일용할 양식을 구하고, 우리의 죄 용서를 두고 기도하며, 우리가 시험(미혹)에서 벗어나 악에서 건짐 받도록 기도해야 하는 사명자로 살아가고 있다.

3. 주기도문의 구조에 맞추어 나의 기도 형식과 내용에 교정할 부분이 있다면 서로 나누어 보라.

주기도문의 구조에 따르면(6가지 간구 부분), 나를 포함한 우리를 위한 간구보다 '하나님을 위한 간구'가 먼저 나온다. 나의 모든 필요, 즉 나의 양식과 죄 사함과 시험 들지 않음을 두고 아뢰기 전에, 하나님의 이름과 나라와 뜻을 두고 간구하라는 것이다. 물론 주기도문의 의미를 깨닫고 난 후에 의식적으로 이런 순서에 따라 기도하려고 힘쓰지만, 아직도 나의 필요부터 집중하려는 성향이 남아 있다. 하나님의 나라와 의를 먼저 구할 때 나의 모든 필요가 채워진다는 주님의 약속(마6:33)을 굳게 믿고, 주기도문의 구조에 따라 그분의 이름과 나라와 뜻을 먼저 구하기를 더욱 힘써야겠다. 특히 장차 도래하는 하나님의 나라를 깊이 묵상하는 기도에 더욱 힘써야겠다고 다짐해 본다.

내용
확인
하기

제2강
p.46

1. 하나님을 "아버지"라고 부를 때 그 의미를 설명해 보라.

일차적으로, 우리 주 예수 그리스도의 아버지라는 의미이다. 예수님 자신과 하나님이 하나이시며 또 자신이 하나님과 동등하신 분임을 의미한다. 다음으로, 예수 그리스도의 아버지께서 또한 우리의 아버지가 되신다는 의미이다. 이 경우에는 하나님이 우리를 그리스도 안에서 양자로 삼으셨다는 사실을 의미한다(p.35-36).

2. '나의' 아버지가 아니라 '우리' 아버지라고 부르는 이유가 무엇인지 대답해 보라.

나 외에도 하나님의 다른 자녀들이 있음을 인정하고 고백하기 위함이다. 따라서 우리 모두가 한 가족임을 인식하고 아버지께서 내게 주신 좋은 것을 기꺼이 나눌 준비가 되어 있어야 한다(p.39).

3. 하나님 아버지를 "하늘에 계신" 분으로 인식해야 하는 이유가 무엇인가?

마냥 육신의 아버지처럼 생각하려고 하는 위험성 때문이다. 하나님은 친근하고 따스한 아버지이시지만, 지극히 높은 하늘에 계시는 전능자이심을 반드시 인식해야 한다(p.40).

4. "하늘에 계신 우리 아버지"에 담긴 2가지 의미가 우리의 구원과 어떤 관계가 있는가?

"하늘에 계신 우리 아버지"라는 표현은 하나님의 초월성과 내재성(친근함)을 동시에 의미한다. 타락한 죄인을 구원하려면 '하나님 되심'의 이 2가지 측면을 모두 갖추어야 한다. 왜냐하면 죄와 사망의 권세에서 우리를 해방시키기 위해서는 초월성을 지닌 전능자여야 하고, 또한 그런 전능자께서 친히 우리에게 다가와서 아버지 노릇을 해 주셔야만 실제적인 구원이 일어나기 때문이다(p.44).

1. 주기도문을 암송하거나 기도할 때 하나님을 과연 '아버지'로 인식하고 있는가?

교회에 처음 다녔을 때는 그런 인식이 좀 힘들었는데, 이제는 하나님을 친근한 '아버지'로 분명히 인식하면서 기도하고 있다.

2. 하나님을 '우리' 아버지로 분명히 고백한다면, 교회의 지체들에게 어떤 마음을 품어야겠는가?

나뿐만 아니라 그들도 하나님께 사랑받는 자녀라고 생각하며, 그리스도의 마음을 그들을 향해 품어야 한다. 비록 내가 볼 땐 어떤 지체가 부족하고 모나게 보여도, 하나님 아버지의 눈에는 사랑스러운 존재라는 사실을 기억해야 한다.

3. 기도할 때 하나님을 "하늘에 계신" 분으로만 생각하여 지금 나와 함께하시는 아버지의 친근함을 놓치고 있는 것은 아닌가?

엄격한 육신의 아버지가 살아 있었을 때는 그러한 성향이 내 안에 있었다. 하나님 아버지를 마치 그러한 분으로 인식하여 내 죄에 사정없이 진노하시는 분으로만 생각했다. 하지만 이제는 나와 함께하시는 친근한 아버지로 항상 인식한다.

4. "하늘에 계신 우리 아버지"께서 내가 속한 공동체에 어떤 점을 원하시는지, 이 부름말에 담긴 2가지 의미와 관련지어 서로 나누어 보라.

내가 속한 교회(또는 가정)에서는 하나님의 초월성이 좀 더 강조되어야 할 것 같다. 성도들이 지금보다 더욱 지극히 높으신 전능자로 하나님을 인식하며, 그분을 향한 깊은 경외심을 실제적으로 가지도록 힘써야 할 듯하다. 물론 친근하게 우리와 함께하시는 아버지의 마음을 동시에 인식하면서 말이다.

내용 확인하기

제3강
p.66

1. 하나님의 이름이 성경에 어떻게 계시되어 있는지 설명해 보라.

크게 3가지로 계시되어 있다. 첫째, '여호와'라는 이름인데, 다른 대상에게 의존하지 않으시고 스스로 존재하시는 분이라는 뜻이다. 둘째, '엘로힘'(하나님)이라는 이름인데, 어떤 피조물과도 비교할 수 없는 그분의 탁월한 능력과 권세를 강조한 것이다. 셋째, '아도나이'(주님)라는 이름인데, 그분이 창조하신 모든 피조물을 당신께서 친히 소유하고 지배하신다는 의미를 담고 있다(p.52-54).

2. 첫 번째 간구에 담긴 의미가 무엇인지 대답해 보라.

하나님의 거룩하심을 우리에게 계시해 주셔서 우리가 그분의 거룩하심을 똑바로 알고 그분께 합당한 존경과 감사를 드리게 해 달라는 의미이다(p.55).

3. 두 번째 간구에 담긴 의미를 구체적으로 말해 보라.

교회인 우리를 통해 이 땅 위에 하나님의 구속적 통치가 확장되게 해 달라는 의미이다. 교회는 하나님의 나라로 들어오는 관문이며, 동시에 하나님의 나라(통치)가 확장되어 가는 통로이다(p.58-61).

4. 세 번째 간구에 담긴 의미를 신학적으로 답변해 보라.

계시된 하나님의 뜻으로서 이 땅 가운데 우리의 거룩함을 추구하며, 항상 기뻐하고 기도하며 감사하는 삶을 살게 해 달라는 의미이다(p.64).

1. 현재 조국 교회의 상황을 고려할 때, 우리가 성도로서 어떻게 해야지 하나님의 이름이 거룩해지겠는가?

세상으로부터 말할 수 없는 지탄을 받는 조국 교회는 세상과 구별되는 거룩성을 속히 회복해야 한다. 교회인 성도가 그리스도의 이름을 담고 있기 때문에, 우리가 거룩해져야지 그분의 이름이 거룩해지는 것이다. 모든 성도들이 맘몬 신을 속히 버리고 탐욕에서 벗어나 십자가의 복음으로 확실하게 돌아가야 한다!

2. 하나님의 나라가 이 땅에 도래하기를 간절히 사모하고 있는가? 그렇다면 그 나라에 대한 나의 기대감이 내 삶 속에 구체적으로 어떻게 표현되고 있는가?

하나님의 나라가 이 땅에 임하기를 간절히 사모하고 있다. 그 나라를 향한 큰 기대감 때문에 내 삶에 포기할 수 없는 열정이 솟구친다. 나의 어떠함에도 불구하고 십자가의 복음이 더욱 증거되기를 바라며, 또 내가 행하는 사역을 통해 그리스도 안에서 새 생명이 태어나게 됨을 자주 꿈꾸고 있다.

3. 나의 신앙생활 가운데 하나님의 '뜻'을 어떻게 적용할지를 두고 고민해 보라.

나의 은밀한 죄악과 더욱 힘써 싸우려는 거룩한 열정을 불태울 것이다. 어떤 상황에 처하든지 항상 기뻐하고, 성령의 도우심을 힘입어 기도하며, 범사에 감사하는 일상을 살아낼 것이다.

4. 매일 기도하는 시간에 "하나님을 위한 3가지 간구"를 어떻게 실천해 보겠는가?

날마다 의식적으로 실천할 것이다. 하나님의 이름이 더욱 거룩해지도록 기도하고, 그분의 나라가 속히 도래하기를 기도하며, 그분의 거룩한 뜻이 이 땅에서도 이루어지도록 힘써 기도할 것이다.

내용 확인하기

제4강 p.85

1. 네 번째 간구에 담긴 의미를 자세히 설명해 보라(특히 '우리'라는 표현과 관련하여).

나에게 일용할 양식이 충분한 것으로 만족하지 말고 다른 사람의 형편까지 세밀하게 살펴서, 나를 통해 그들에게도 충분한 양식이 채워지게 해 달라는 의미이다(p.74).

2. 다섯 번째 간구에 담긴 의미가 무엇인지 대답해 보라.

내가 다른 사람의 죄를 용서하지 않으면, 내 죄를 용서하지 말아달라는 무서운(?) 의미이다. 따라서 하나님께 죄 용서를 받은 성도는 자신에게 죄지은 이웃을 당연하게 용서해야 한다는 의미이다(p.79-80).

3. 여섯 번째 간구에 담긴 의미를 간략하게 말해 보라(특히 '시험'이라는 번역어에 주의하여).

우리가 사탄에게 미혹되어 그 가운데서 허덕일 때, 아버지께서 우리를 악에서 구해 달라는 의미이다(p.82).

4. 마지막 송영 부분을 정확하게 번역하여, 그 의미를 문맥상으로 제대로 설명해 보라.

정확하게 번역하면 다음과 같다. "왜냐하면 나라와 능력과 영광이 영원토록 당신의 것이기 때문입니다. 아멘"(p.88). 이것은 '우리를 위한 3가지 간구'의 근거가 된다는 의미이다. 다시 말해, 우리에게 일용할 양식을 주시고 우리의 죄를 용서하시며 우리를 미혹에 빠지지 않고 악에서 구하실 수 있는 근거가 바로 나라와 권세와 영광이 영원히 아버지께 있기 때문이라는 것이다(p.83).

1. 이웃에게 필요한 '양식'을 위해 어떤 마음으로 간구하며, 또 그 양식(또는 생필품)이 채워지도록 실제적으로 이웃에게 어떤 노력을 하고 있는가?

나와 내 가족뿐만 아니라 이웃의 일용할 양식이 채워지고 있는지 세밀하게 살피며 그들의 필요를 두고 기도하고 있다. 실제로 매달 1-2명에게 소정의 후원금을 보내고 있다. 때로 안타까운 사연을 접하게 되면, 어떤 경우에는 그 즉시 일정 금액을 송금하기도 한다.

2. 도무지 용서가 안 되는 사람에게 사죄(赦罪)의 마음을 품으려고 노력한 경험이 있으면 구체적으로 서로 나누어 보라.

지금은 고인(故人)이 된 모친을 죽도록 못 살게 굴어 가출하게 만든 집안 식구들은 아직 용서가 잘 안 된다. 물론 그리스도의 마음으로 사죄의 마음을 품으려고 노력하는 중인데, 하나님의 초자연적인(?) 은혜가 있어야지 용서가 가능할 것 같다.

3. 미혹에 강렬하게 이끌릴 때 하나님께 간구하며 그 미혹을 떨쳐 버리려고 애쓴 경험이 있는가? (특히 반복되는 죄와 관련하여)

사춘기 때는 특히 성적인 호기심에 강렬하게 이끌려, 그 순간을 떨쳐 버리려고 하나님께 간절히 기도한 적이 있다. 물론 남성의 기질상 그런 미혹의 순간에서 완전히 자유로울 수 없을 것이다. 그럼에도 성령으로써 몸의 행실을 죽이면 살리라는 말씀(롬8:13)을 붙들고, 배우자 외에 다른 여성에게는 성적 충동을 느끼지 않도록 각별히 주의하며 하나님의 도우심을 간구할 것이다.

4. '아멘'이라는 말을 내뱉을 때 이제부터 어떤 마음으로 그 용어를 사용하겠는가?

'아멘'이라는 마지막 한마디에 온 마음을 담아서, 하나님께 겸손하고 거룩한 태도로 그 말을 사용할 것이다. 이와 동시에 이제부터 나의 기도가 하나님의 방식으로 하나님의 때에 응답될 것이라고 기대하며 확신할 것이다(p.83-84).

참고문헌

국내서

김남준. 『깊이 읽는 주기도문』. 서울: 생명의말씀사, 2013.

김세윤. 『주기도문 강해』. 서울: 두란노, 2000.

김종두, 백금산. 『만화 주기도문』. 서울: 부흥과개혁사, 2008.

민중서림 편집국 편. 『민중 엣센스 국어사전(제6판)』. 파주: 민중서림, 2006.

유해무. 『개혁교의학』. 고양: 크리스챤다이제스트, 1997.

번역서

웨스트민스터 총회. 『원문을 그대로 번역한 웨스트민스터 소교리문답』. 권율 역. 서울: 세움북스, 2018.

칼빈, 존. 『기독교 강요 1-4: 라틴어 원본 번역판(6권)』. 고영민 역. 서울: 기독교문사, 2006-2008.

크로스웨이 ESV 스터디 바이블 편찬팀. 『ESV 스터디 바이블』. 신지철, 김귀탁, 이용중, 정옥배, 윤석인 역. 서울: 부흥과개혁사, 2014.

하이델베르크 총회. 『하이델베르크 요리문답』. 독립개신교회 역. 서울: 성약, 2004.

국외서

Bauer, Walter. *A Greek-English Lexicon of the New Testament and Other Early Christian Literature*, Revised and edited by Frederick William Danker, 3rd. ed. Chicago: The University of Chicago Press, 2000.

Calvin, John. *Institutes of the Christian Religion*. Translated by Henry Beveridge. Peabody: Hendrickson Publishers, 2008.

Church of Scotland; Weſtminſter Aſſembly(1643-1652). *The Confeſſion of Faith, Together with The Larger and Leſſer Catechiſms*. Compoſed by the Reverend Aſſembly of Divines, Sitting at Weſtminster, Preſented to both Houſes of Parliament. London: Printed by E. M., for the Company of Stationers, 1658.

Robinson, Maurice A. and William G. Pierpont, ed. *The New Testament in the Original Greek: Byzantine Textform*. Southborough, MA: Chilton Book Publishing, 2005.

웹 자료

안은선. "자녀 1명 대학 졸업까지 양육비 '3억 896만 원'". 『베이비뉴스』 2013년 4월. http://www.ibabynews.com/News/NewsView.aspx?NewsCode=201304101521243 195935480.

하대석, 권혜정. "'전 재산 600억' 조국 독립에 바친 '우당 이회영'". 『스브스뉴스』 2015년 8월. http://news.sbs.co.kr/news/endPage.do?news_id=N1003121898&plink=ORI&cooper=NAVER.

All In One
Bible Study Series